Índice

Sumário

Lucro Digital – Ulisses Giorgi

Lucro Digital – Ulisses Giorgi

CAPÍTULO 1: INTRODUÇÃO

1.1 Tenha Presença na Internet ou Morra

A realidade é triste para quem não se adapta rapidamente. Não é só a nova geração que está abandonando hábitos que há apenas 5 anos atrás eram normais, como ver televisão aberta e mandar SMS.

Quantas pessoas você conhece que já assistem mais NetFlix e YouTube do que TV aberta e canais pagos da NET ou da Sky? Pense bem, aposto que são diversas pessoas.

A situação fica muito pior quando você altera minimamente essa pergunta da seguinte forma:

Quantas crianças de até 10 anos você conhece que assistem mais televisão aberta ou canais pagos da NET e da Sky do que o NetFlix e o YouTube?

Já lhe digo, se a renda familiar permitir ter um NetFlix, as chances serão que você não conseguirá achar muitas crianças para a segunda pergunta. Mesmo em rendas mais baixas, a criançada fica vendo o dia inteiro YouTube nos celulares dos pais ou onde conseguir.

A Globo, a Band, a Record e todas as grandes redes de televisão já estão se preparando para uma mudança radical – o fim da televisão aberta – ao menos o fim do modo como a conhecemos hoje – onde o comercial de uma marca vale muito mais que um comercial em qualquer outro lugar. Sendo a principal fonte de renda das redes abertas, elas precisam se reinventar ou morrerão.

Assim como esse, temos diversos outros exemplos de tecnologias relacionadas com a Internet que mataram negócios que há poucos anos atrás eram muito prósperos:

- A Wikipedia matou a enciclopédia Barsa;
- O WhatsApp hoje praticamente matou as mensagens SMS para pessoas físicas;

- O Skype matou as ligações de longa distância entre telefones, principalmente as internacionais;
- Os leitores de eBook estão matando os livros impressos
- O e-commerce está matando as lojas puramente físicas

Quem não se adaptar vai perder seu negócio. E pode ser muito, mas muito mais rápido do que você imagina.

Não quero ser dramático, mas o efeito aqui é do sapo dentro da panela. A água aquece lentamente à sua volta e ele não percebe. Quando se dá conta, a água está muito quente – já perto da fervura – e é tarde demais: ele cozinhou por dentro. Seus órgãos já não conseguem reagir e fazê-lo saltar para fora da panela. A morte é só uma questão de tempo.

E não pense que o sapo aqui representa apenas as lojas físicas sem presença online (quando falo em presença online aqui falo em presença de vendas - uma página institucional dizendo o que a empresa faz não conta). É claro que as lojas físicas que não pensam em ter em sua estratégia um modelo que inclua vendas online está claramente com os dias contados, mas podemos enumerar diversos outros sapos na panela. Por exemplo, muitas pessoas hoje com carteira assinada gostariam muito de sair de onde estão e abrir seu próprio negócio mas não possuem um capital tão grande para investir e pensam que os custos iniciais de um e-commerce se equivalem aos de uma loja física. Alguns outros acham que precisam ser muito técnicos para montar uma loja virtual ou que então receber pagamentos diretamente da Internet seja muito arriscado e exija um trabalho muito grande e muito complexo. Hoje em dia, como veremos nesse livro, com um pouco de técnica, você pode abrir e gerenciar o seu e-commerce sozinho e usar pouco dinheiro para seu estoque inicial. Mas não, estão cozinhando em seus empregos atuais, infelizes com a situação que se encontram, e não percebem que a água em volta de si está quase fervendo.

Além de saírem da possível fervura, quem sair da panela quente agora poderá surfar em um dos mercados que mais cresce no Brasil. Você sabia que durante umas das maiores crises da história do Brasil - em 2016 – enquanto todos os outros setores encolheram o e-commerce teve um aumento de 7% naquele ano? Veja abaixo o crescimento do e-commerce nos últimos anos (fonte Ebit Nielsen WS41):

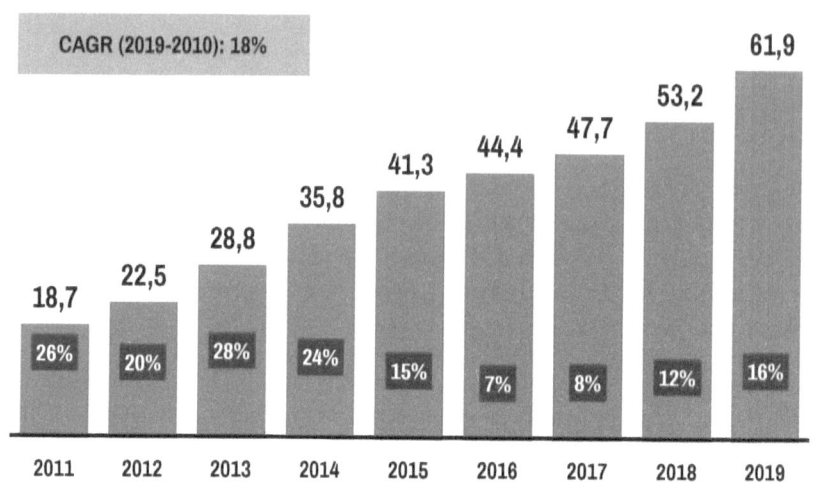

■ VENDAS EM BILHÕES DE R$ ■ VARIAÇÃO VS ANO ANTERIOR

CAGR (2019-2010): 18%

Ano	Vendas	Variação
2011	18,7	26%
2012	22,5	20%
2013	28,8	28%
2014	35,8	24%
2015	41,3	15%
2016	44,4	7%
2017	47,7	8%
2018	53,2	12%
2019	61,9	16%

Veja a evolução do número de consumidores (fonte Ebit Nielsen WS41):

QUANTIDADE DE CONSUMIDORES DO E-COMMERCE

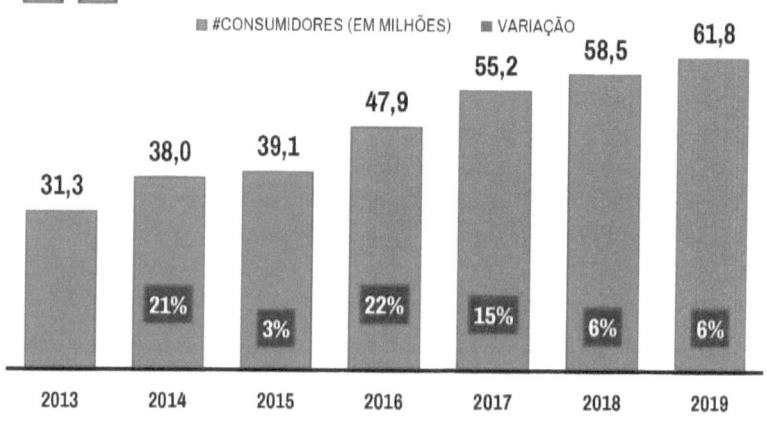

■ #CONSUMIDORES (EM MILHÕES)   ■ VARIAÇÃO

Ano	Consumidores	Variação
2013	31,3	
2014	38,0	21%
2015	39,1	3%
2016	47,9	22%
2017	55,2	15%
2018	58,5	6%
2019	61,8	6%

Conheça um pouco dos números desse mercado que não para de crescer no Brasil e no mundo.

1.2 Conhecendo um Pouco Mais do Mercado de E-Commerce

Acabamos de apresentar os percentuais de crescimento do e-commerce. Observe agora abaixo o número de pedidos. Nunca houve queda. Em 2016 ficamos estáveis, para depois retomar o crescimento com força total [fonte Ebit Nielsen WS41].

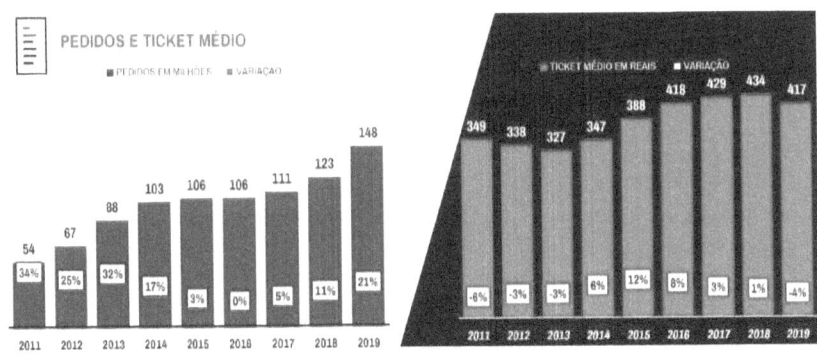

Aliás, em relação ao número de pedidos, em 2019, os setores Autosserviço, Farma e Perfumaria foram os que aceleraram esse crescimento – com tendência de alta ainda maior.

A fonte de tráfego ainda é liderada pelo Google [fonte Ebit Nielsen WS41].

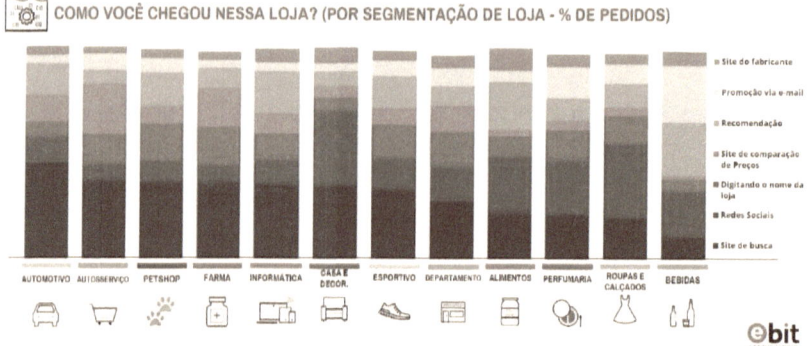

COMO VOCÊ CHEGOU NESSA LOJA? (POR SEGMENTAÇÃO DE LOJA - % DE PEDIDOS)

E o crescimento do Brasil, se for julgar pelo que está ocorrendo no mundo inteiro, ainda tem muito espaço. Muito espaço, mesmo.

Enquanto aqui ainda estamos em 2020 crescendo no número de pedidos de perfumaria e cosméticos, na China – um mercado muito mais maduro - o e-commerce tem seu crescimento guiado por algo ainda muito pouco explorado aqui ainda: Alimentos Perecíveis (frescos).

Veja abaixo um gráfico apresentando como o e-commerce performou no mundo inteiro. Lembre que o crescimento do e-commerce no Brasil já foi apresentado em um gráfico anterior.

E-COMMERCE NO MUNDO

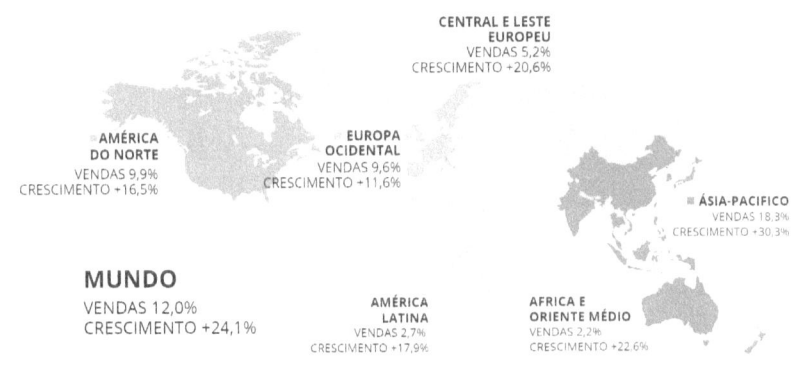

Fonte: eMarketer | Worldwide Retail e-commerce Sales by Region | 2018 – All categories

Vale destacar também o papel do celular no e-commerce. Hoje, qualquer e-commerce tem que ser pensado desde o início em como ele será visualizado no celular. Veja abaixo a participação do M-Commerce (e-commerce pelo celular) no Brasil. Pela primeira veza na história a partir de novembro de 2019, o M-Commerce superou o desktop [fonte Ebit Nielsen WS41]:

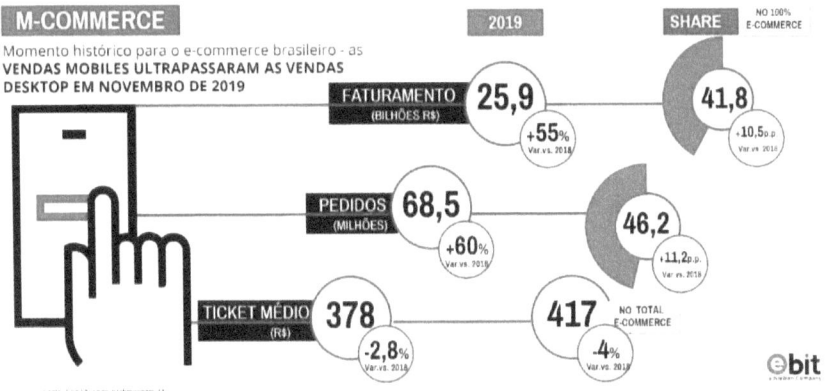

A Pandemia de 2020 do Coronavírus trouxe consigo uma mudança que veio para ficar – o crescimento do e-commerce e o aumento do número de pedidos [fonte Ebit Nielsen WS41]:

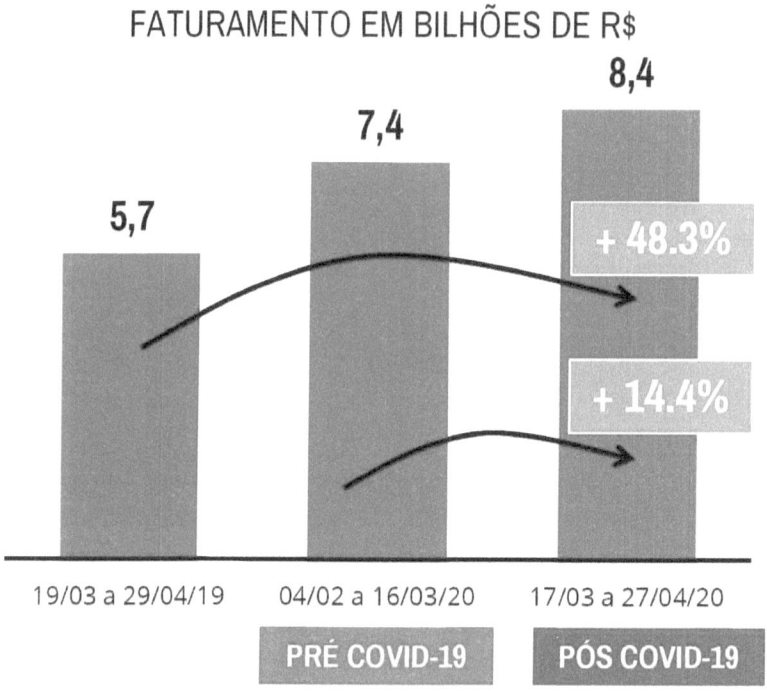

FATURAMENTO EM BILHÕES DE R$

Mais do que isso, a pandemia acelerou o crescimento dos setores de Autosserviço e o de Farma [fonte Ebit Nielsen WS41]:

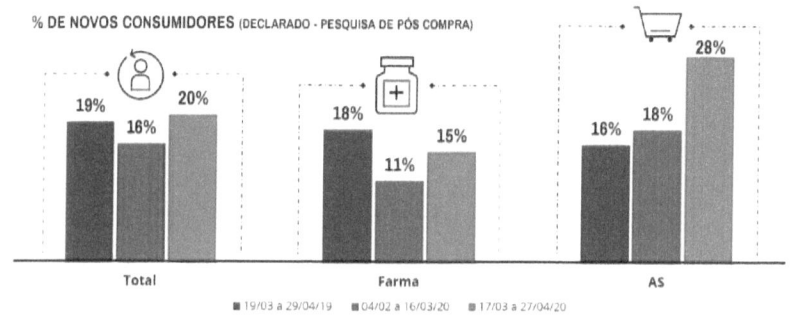

Por fim, vale destacar a importância das compras através de aplicativos, que anda crescendo muito também [fonte Ebit Nielsen WS41]:

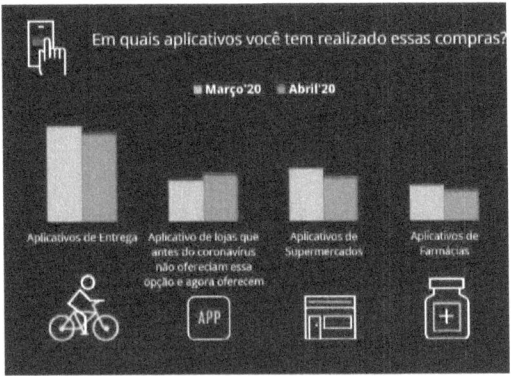

Agora que você entendeu o cenário que o e-commerce está inserido, vamos ver quem precisa ler esse livro, do início ao fim.

1.3 Os Perfis que Precisam ser esse Livro

1) **Ainda não possui e-commerce, mas pensa em abrir um**: nesse livro, vai encontrar o passo-a-passo para montar seu e-commerce desde o primeiro e mais importante passo: a escolha do nicho e do produto. Depois disso, vai aprender a mapear seu cliente ideal, aprender mais sobre a fotografia e a descrição dos seus produtos, montar sua loja virtual com tudo o que é necessário para conseguir ter sucesso, aprender sobre marketing digital para e-commerce e fazer sua primeira campanha no Google AdWords e no Facebook. Finalmente, vai saber quais as otimizações necessárias em seu e-commerce e processo de vendas até seus primeiros 20 mil reais em vendas online.

2) **Já possui e-commerce, mas não vende como gostaria**: nesse livro, irá usar os primeiros capítulos de estudo do nicho, produto e a definição do Avatar para avaliar a forma que sua loja virtual está atuando, conhecer muito bem seus concorrentes e planejar qualquer mudança

necessária com base nas informações obtidas. Também, nos capítulos posteriores, poderá ver se seu e-commerce já possui tudo o que é necessário para fazer um marketing efetivo e então montar a campanha de marketing para vender mais. Também vai aprender mais sobre Marketplace e como vender os mesmos produtos em grandes lojas virtuais como Americanas.com, Submarino, Walmart e Dafiti, e fazer com que as pessoas que compram seus produtos através dessas lojas efetuar a próxima compra em seu e-commerce próprio (onde não precisa pagar uma taxa sobre a venda de cada produto, processo de cobrança comum em Marketplace). Quando entrar nos capítulos de Marketing Digital para o e-commerce – o método 1PMV – vai conseguir avaliar quais os pontos que pode melhorar em seu marketing atual para vender mais.

3) **Possui loja física, mas não possui presença online ainda**: muito parecido com o perfil de quem ainda não tem loja online, com uma importante diferença que já possui tanto produtos em estoque como também uma equipe que cuida da sua loja física. Nos capítulos de estudo de nicho, produto e definição do Avatar, deverá ler com bastante atenção, pois o que vende na loja física pode não ser ideal para começar sua loja virtual – ao menos não a totalidade dos produtos. Isso sem contar que o cliente que compra em sua loja física pode ser completamente diferente do que vai comprar em sua loja virtual – tanto em termos de renda como em termos de afinidades (essencial para seu marketing). No restante dos capítulos, irá ler igualmente como uma pessoa do primeiro perfil, pois terá que aplicar tudo para que sua loja seja montada da melhor forma possível, tenha uma apresentação boa para seu cliente-ideal e um marketing digital efetivo, que consiga minimizar o percentual de cada produto necessário para vendê-lo.

1.4 Sobre o Autor

Ulisses Ponticelli Giorgi é formado em Ciência da Computação pela UFRGS, tem mestrado em Sistemas Distribuídos e reativos pela mesma universidade e possui um MBA Extension em Negociação e Liderança em Harvard. Executivo de TI, atuou como Diretor de TI na Dell Computadores, onde trabalhou por 13 anos e liderou times com mais de 100 pessoas ao redor do mundo (India, EUA, Brasil e Irlanda).

Saiu da Dell para seguir com seus negócios próprios – cursos online e consultoria.

Em consultorias, hoje com dezenas de clientes, já ajudou diversas empresas a sair do zero em suas vendas online, criando um funil saudável tanto de captação de novos clientes como uma esteira de produto para manter o CAC (Custo de Aquisição do Cliente) bastante abaixo da margem de lucro.

Dos prêmios em sua carreira, dois se destacam: um de inovação, que lhe rendeu uma reportagem na revista Veja, e outro onde conquistou o tão cobiçado CIO 100 por um dos projetos mais inovadores do mundo enquanto trabalhava na Dell. Mesmo assim, considera o maior prêmio de sua carreira o sucesso que vem trazendo a diversos empreendedores que desejam abrir um negócio on-line.

1.5 O Segredo do Sucesso

Obviamente não existe um segredo do sucesso, mas tinha que colocar alguma frase de efeito nessa sessão para aumentar as chances chamar sua atenção.

O que preciso destacar aqui é que a leitura do início ao fim desse livro sem aplicar o que é exposto vai ensinar a você diversas coisas, mas não irá resolver seu problema principal: criar uma presença online para você e/ou seu negócio.

Como são muitos detalhes que serão apresentados no decorrer desse livro, a melhor maneira é ler um pouco e aplicar um pouco. Não tenha pressa de ir para o capítulo seguinte. Se precisar ler mais de uma vez o mesmo capítulo –faça isso: os capítulos iniciais vão criar uma base segura para que você consiga ir longe. Tente aplicar ao máximo o que aprende enquanto estiver lendo. Isso vai garantir que você não esqueceu de nenhum detalhe que pode ser importante no futuro.

Ao mesmo tempo, lembre-se da máxima:

FEITO É MELHOR QUE PERFEITO

Ou seja, não procure montar a loja virtual ideal, com os produtos ideais. E mais, não tente acertar tudo na primeira vez. Isso simplesmente é impossível. O processo de aprendizagem normal exige ciclos para aprimoração. No mundo online, quer você goste ou não, esse ciclo de aprimoração é acentuado em milhares de vezes, porque é simplesmente impossível prever como as coisas se comportam no mundo virtual até colocar no ar, medir e testar. Esse ciclo terá que ser repetido muitas vezes e não vai parar nunca se você quiser ter uma loja de sucesso. Então, tentar fazer perfeito na primeira vez só vai lhe custar tempo e preocupação e vai postergar seu sonho de começar seu empreendimento online. Mais importante que isso, vai postergar um conhecimento que você só terá quando abrir seu e-commerce.

Obviamente, como tudo na vida, o segredo é encontrar o balanço. Não estou falando para colocar qualquer coisa no ar – nos capítulos desse livro você verá que existem diversos requisitos que considero mínimo para se colocar um e-commerce no ar. Mas mate aquele perfeccionista no seu ombro esquerdo que lhe atrasa e faz com que uma tarefa que poderia ser bem em um dia lhe exija vinte dias para executar a tarefa da forma que você acha perfeita, só para descobrir, quando entrar em campo mesmo e começar a vender, que está muito longe do ideal.

Pronto para começar a montar sua loja virtual? Então vamos lá!

CAPÍTULO 2: O QUE VOCÊ PRECISA SABER ANTES DE COMEÇAR

Antes de iniciarmos a tratar sobre assuntos específicos do que é necessário e como montar sua loja virtual, precisamos primeiramente cobrir alguns termos e conceitos básicos, incluindo uma dúvida muito frequente sobre a possibilidade de construir um e-commerce como uma pessoa física.

2.1 Termos e Conceitos Básicos

Precisamos nos familiarizar com alguns conceitos básicos antes de você começar o livro, pois são essenciais para o entendimento dos próximos capítulos.

- **E-Commerce**: preciso começar falando do próprio conceito de e-commerce aqui, pois muita gente tem uma definição errada na cabeça. e-commerce vem de *eletronic commerce*, que significa simplesmente comércio eletrônico. Ou seja, é uma relação de compra e venda realizada através de um meio eletrônico – geralmente a Internet. Isso significa que não precisa ser produto físico. Se seu nicho for um produto eletrônico, isso também será e-commerce. É claro que esse tipo de comércio tem certas peculiaridades, principalmente a plataforma de entrega do produto.
- **Loja Virtual ou Loja Online**: se formos puristas, Loja Virtual ou Loja Online é a presença online, ou seja, somente uma pequena parte da estratégia global que você precisa para vender, que inclui compra de produto, administração de estoque e os processos em volta deles (que algumas pessoas definem como e-commerce). Na prática, e-commerce, loja virtual e loja online são termos usados hoje como sinônimos e assim que usaremos esses termos nesse livro.
- **Nicho**: é a grande área que você vai trabalhar: moda, eletrônicos, cosméticos, etc. É muito grande para alguém de pequeno porte iniciar, pois terá uma variedade muito grande de produtos e devido ao dinheiro inicial não conseguirá comprar todos os produtos necessários para criar uma loja "cheia de produtos" (aos olhos do seu comprador), tendo uma grade que será percebida como pobre aos seus clientes.

- **Sub-nicho**: é uma divisão do nicho que você escolheu. Por exemplo: Moda ➔ Camisetas ➔ Camisetas Básicas ➔ Camisetas com mensagens da Disney. Moda é o nicho. Camiseta é o sub-nicho. Camiseta básica, o sub-sub-nicho. Camisetas com mensagens da Disney é o sub-sub-sub-nicho. Quanto mais específico você iniciar, melhor, por duas grandes razões. Primeiro, sua conversão tende a ser maior, ou seja, você precisará enviar menos pessoas para sua loja virtual para que uma venda seja efetuada. A segunda razão é o estoque necessário para iniciar sua loja e a autoridade da sua loja online. Não sei se você já entrou em uma loja virtual e se deparou com diversas categorias com um único produto e diversas páginas com dois ou três produtos somente. Isso causa uma sensação terrível para o comprador, que naturalmente já é desconfiado de uma loja que ele não conhece. Então, ter uma loja específica permite a você comprar os produtos que você precisa para que sua loja pareça "cheia" e grande geralmente gastando bem menos.
- **Business-to-Business (B2B)**: um e-commerce B2B é um e-commerce que vende para outras lojas e não foca no consumidor final.
- **Business-to-Consumer (B2C)**: um e-commerce B2C foca no consumidor final. A maioria dos e-commerce que você conhece e compra são focados em B2C.
- **Plataforma de e-commerce**: é onde o seu e-commerce está hospedado e que cuida de entregar a gerência da loja bem mais amigável para você. Exemplos são a Nuvem Shop, a Loja Integrada e diversas outras. Teremos um capítulo específico sobre eles, mas como falaremos algumas vezes do conceito em geral, preciso explicar ao menos a definição aqui.
- **Gateway de Pagamentos**: é quem gerencia os pagamentos de cartão de crédito e de boleto para você, tirando a complexidade de falar diretamente com a Mastercard, Visa, etc. Exemplos são a Moip e a PagSeguro. Também teremos um capítulo que fala em bem mais detalhes sobre eles.
- **Chargeback**: é quando após uma venda o cliente pede o dinheiro de volta. Isso pode ocorrer porque ele não recebeu o produto, por exemplo. Outra razão de chargeback é a fraude, onde alguém usa o cartão de crédito de um terceiro que não autorizou o uso (fruto de clonagem ou roubo) e faz uma compra em seu e-commerce. Quando o

dono do cartão recebe a fatura, ele não reconhece a despesa e abre uma disputa com a operadora de cartão. Geralmente, mesmo se você comprova que entregou o produto, quem vai arcar com o prejuízo é você, o dono do e-commerce. Você certamente terá alguns chargebacks, faz parte do negócio. Mas há diversas maneira de minimizá-los bastante. Falaremos mais sobre isso quando estivermos explorando as plataformas de pagamento.

- **Ticket-Médio**: é a média de cada carrinho que foi finalizado em sua loja. Ele é de extrema importância pois indica como seus clientes estão interagindo com sua loja na hora da finalização da compra. Uma grande estratégia para aumentar sua receita sem aumentar o número de clientes são campanhas focadas em aumento do ticket-médio. O ticket-médio pode ser calculado dividindo-se o total de compras de um período (por exemplo a semana) pelo número de carrinhos daquele período.
  - **Já tem loja virtual?** Calcule o ticket-médio de sua loja nos últimos 3 meses e veja se está aumentando, diminuindo ou não tem mudança. Comece a controlar desde já o ticket-médio semanalmente.
- **Servidor**: em linhas gerais, para simplificar, servidor é o computador onde os dados ficam guardados.
- **Nuvem**: de forma simplificada, nuvem é quando certo dado ou serviço não está sem sua rede local. Por exemplo, quando entrarmos no capítulo de Plataformas de e-commerce, você verá que seus produtos ficarão hospedados nos servidores da plataforma escolhida, ou seja, estarão armazenados na nuvem e não no computador dentro da sua casa.
- **Google Ads (Antigo Google AdWords)**: é a ferramenta de marketing do Google. Ainda dentro do AdWords, temos alguns itens que você precisa entender o significado:
  - **CPC**: Custo por Clique
  - **Pesquisas Mensais**: é o volume que certa palavra-chave tem em média por mês. É um dado importante pois revela o interesse (ou não) do consumidor em geral naquela palavra-chave (que para nós será produto)
  - **Concorrência**: dentro do Adwords, cada anúncio de palavra-chave concorre com outros anunciantes em um sistema de leilão. É assim que uma palavra-chave no Google é precificada.

A concorrência é exibida muitas vezes no Adwords como "Alta", "Média" ou "Baixa". Isoladamente, esse dado não significa muito. Mas em conjunto com as Pesquisa Mensais, é um dado importantíssimo na definição do sub-nicho e do produto.

- o **Resultado orgânico de pesquisa**: é o resultado que aparece nas páginas de pesquisa do Google e que não são oriundas de anúncio
- o **Serch Engine Optimization (SEO)**: é o conjunto de táticas e estratégias que utilizamos para que a página do seu e-commerce e dos seus produtos estejam preferencialmente na primeira página de retorno do Google e idealmente na primeira posição quando a palavra-chave de nosso produto for digitada.

- **Itens do Facebook**
  - o **Página vs Perfil**: Perfil no Facebook é o que você tem para você, pessoa física e como você interage com seus amigos. Geralmente um perfil pode ter apenas 5 mil "amigos". Página no Facebook é a profissionalização do perfil. As postagens são geralmente públicas ao invés de visíveis somente para os amigos. Além disso, uma pessoa física não fica amiga de página – ele segue ou curte aquela página, e uma página do Facebook, diferente do perfil, pode ter milhões de seguidores.
  - o **Campanha**: é o conjunto de postagens dentro de uma campanha de marketing que você quer que alcancem mais pessoas. Uma campanha tem um objetivo: tráfego, geração de leads, curtidas, vendas, etc. As campanhas no Facebook são pagas.

2.2 Pessoas Física X Pessoa Jurídica

Embora em teoria você até talvez pudesse iniciar um e-commerce como pessoa física, na prática isso não funciona por diversas razões:

1) Muitos fornecedores só aceitarão vender para pessoa jurídica

2) Pela lei do e-commerce, você precisa colocar informações sobre sua loja em algum lugar visível. Colocando essa informação como pessoa física você não passa confiança para quem está comprando
3) Você precisa gerar Notas Fiscais
4) Você pagaria mais imposto. Como pessoa jurídica, escolhendo o modelo de tributação SIMPLES, os custos de um comércio eletrônico que vende menos de 180 mil reais por ano vão ser de 4% sobre a receita. Isso é realmente muito bom. Mesmo quando sua receita aumenta, o imposto não é leonino. Veja abaixo:

Receita Bruta Anual (em R$)	Alíquota Total
De Zero até 180.000,00	4,00%
De 180.000,01 a 360.000,00	7,30%
De 360.000,01 a 720.000,00	9,50%
De 720.000,01 a 1.800.000,00	10,70%
De 1.800.000,01 a 3.600.000,00	14,30%
De 3.600.000,01 a 4.800.000,00	19,00%

* Tenha certeza que quando abrir sua empresa, ela esteja na classificação tributário SIMPLES.

Eu aconselho para quem quer iniciar e não quer ter os custos com contador e com a abertura de uma microempresa comum, abrir uma MEI (Micro Empresa Individual). Você pode ficar no MEI até que seu faturamento ultrapasse os 60 mil reais por ano, o que vai lhe dar um fôlego financeiro. Apenas verifique se no seu estado a MEI pode ter inscrição estadual. Se não puder, você não conseguirá emitir Nota Fiscal Eletrônica como sendo MEI.

CAPÍTULO 3: SEU NICHO E SEU PRODUTO

Nesse capítulo, trataremos de umas das coisas mais importantes que você precisa para um e-commerce Vencedor: um bom nicho e um produto com alta demanda online e uma concorrência não tão acirrada (hoje é cada vez mais difícil encontrar produtos com baixa concorrência).

Como falamos nos capítulos anteriores, mesmo se você já tem uma loja virtual funcionando ou está montando um e-commerce para sua loja física (ou seja, já tem um produto que trabalha), leia com atenção esse capítulo e faça a análise do seu nicho e dos seus concorrentes. Você vai ficar impressionado com a quantidade de informações que vai descobrir.

Lembre-se que só porque você tem uma loja física com X produtos é que todos aqueles X produtos estarão disponíveis em sua loja virtual no início da sua operação. Eu nem aconselho isso geralmente, a não ser que você tenha uma gama de produtos bastante relacionados entre si e uma variedade não tão grande de produtos em sua loja física. Quanto mais específico você começar sua loja, mais fácil será o seu início e mais rapidamente você conseguirá crescer, daí sim, aumentando a gama de produtos.

Se você tem uma loja física e ainda não tem presença online, você está com os dias contados. Hoje, você consegue montar uma presença online sem gastar 1 único real extra, utilizando toda sua estrutura e estoque existente – e aumentando sua exposição para diversos outros lugares do Brasil.

Abrir um e-commerce para quem tem loja
Física NÃO É UMA OPÇÃO, mas uma
OBRIGAÇÃO.

3.1 A Escolha do Produto

A escolha do produto com o qual você irá trabalhar é obviamente o primeiro passo a ser tomado.

Quando falamos de produto, estamos falando do produto de forma ampla que você irá vender em seu e-Commerce: roupa, bolsa, componentes de computador, ferramentas, livros, acessórios de bicicleta, móveis, talheres, utensílios domésticos, caixas de som, etc.

Um fator importante na decisão do produto é a grade, ou seja, as variações que um modelo específico pode ter. Por exemplo, se você vai trabalhar com roupas, lembre-se que seu e-commerce terá que ter não só a grade de cores (azul, vermelho, branco, etc), mas também a grade de tamanhos (P, M, G, GG, etc). Em outras palavras, uma mesma camisa de código XYZ pode ser P Azul, M Azul, G Azul, P Verde, GG Verde, etc. Isso pode não ser um problema para quem já está acostumado com tal gerência, mas para muitos pode ser um grande complicador, principalmente se o fornecedor exige que a compra de determinado produto tenha uma grade mínima (exemplo: você compra camisa de gola careca modelo ABC e o fornecedor exige no mínimo 2 peças de cada tamanho e cor, mas você já está com muito estoque da Azul G e da Rosa GG).

Outro fator primordial é o fornecedor. Você tem fornecedores para esses produtos? Conhece a qualidade dos produtos dele? Fica na cidade onde mora ou terá que pagar um frete para trazer os produtos. E se tiver que trazer frete, quanto será?

A melhor maneira de se encontrar fornecedores se você ainda é novo nessa área é através do próprio Google, fazendo pesquisa como "fornecedor [produto]", "venda atacado [produto]", "fabricante [produto]", "representante [produto]", "representação [produto]" e outras combinações.

Muitas vezes você vai se deparar com a página da fábrica e na página da fábrica você encontra os representantes daquela fábrica na sua cidade e estado.

Lembre-se que isso tudo vai definir o preço do seu produto. Pesquise o preço do produto na Internet em lojas concorrentes para ver se sua margem será boa ou ao menos aceitável.

Ah, e se você nunca fez frete antes, não se preocupe. Existem hoje vários sites que ajudam a calcular seu frete. Um exemplo de portal de frete é a Transvias: http://www.transvias.com.br/. Você pode fazer um cadastro no site, informar e diversas empresas de logística lhe enviarão um orçamento. O menor orçamento às vezes é 3 vezes menor que o maior orçamento, por isso sempre investigue a empresa antes de contratá-la.

As informações básicas que você vai precisar para calcular o frete são:

- Quantidade de Caixas e Volume Total: seu fornecedor pode lhe fornecer

- CIF e FOB: CIF (Cost, Insurance and Freight – Custo, Seguro e Frete) é quando o frete é pago pelo fornecedor. FOB (Free On Board – Livre à Bordo) é quando o frete é pago pelo comprador, ou seja, você. Geralmente, o seu fornecedor enviará com frete FOB.

- Preço da Nota Fiscal dos produtos sendo transportador: necessário para o cálculo do seguro da transportadora.

Mas a parte mais importante para a definição do seu produto é o mercado. Tem mercado para o seu produto? Será que ele está saturado pelos concorrentes? E se está saturado de forma geral, como consigo saber que fatia desse mercado consigo pegar e ter sucesso? Se você não tem certeza dessas perguntas, leia com atenção as próximas sessões uma-a-uma.

Daqui a pouco falaremos de como usar o próprio Google para ter uma excelente ideia do mercado para seu produto e da concorrência dele. Se você ainda não tem essa parte definida, fique tranquilo, logo entraremos em mais detalhes sobre isso.

> VOCÊ PRECISA DE UM PRODUTO QUE TENHA UM PREÇO COMPETITIVO EM RELAÇÃO AO MERCADO ON-LINE, QUE CONSIGA TER UM ESTOQUE MÍNIMO PARA COMEÇAR E QUE TENHA UMA ACEITAÇÃO BOA NO MERCADO, DE PREFERÊNCIA, COM UMA BAIXA CONCORRÊNCIA.

Mas não saia comprando ainda seu primeiro estoque. Você precisa entender de nicho e como isso irá impactar profundamente seus resultados.

3.2 O Nicho

É claro que todo mundo quer trabalhar com aquilo que ama. E se você consegue fazer isso, é sensacional. Mas não "se atire" na primeira ideia que você tem. Você provavelmente gosta de uma grande gama de produtos – um deles certamente terá uma demanda alta e uma concorrência não tão alta (hoje é quase impossível encontrarmos produtos sem concorrência). E é nesse produto que você idealmente tem que focar.

***Recado para lojas físicas**: você fará o mesmo estudo de quem está iniciando, mas com foco em descobrir qual dos produtos, dentre aqueles que você trabalha, que possuem a melhor demanda e aceitação online e, então, vai focar em colocar sua loja virtual no ar somente com esses produtos no início. Os outros produtos você irá continuar vendendo na loja física, mas só incluirá eles em seu e-commerce quando suas vendas com os produtos com maior demanda começarem a explodir. Um e-commerce "nichado" faz seu CAC (Custo de Aquisição do Cliente) diminuir sensivelmente.*

Para começar nosso exercício, vamos imaginar que você gosta muito de trabalhar com crianças, e por isso mesmo está pensando em montar um e-commerce de brinquedos infantis. Até aí tudo bem. Mas...você já viu a quantidade de lojas que vendem esses produtos? Será que é uma boa ideia? Produtos infantis é realmente um nicho bem grande e com diversos produtos.

Bom, se você tem mais de um milhão de reais disponível para marketing, sem problema: você pode ter um bom fôlego para combater grandes concorrentes e focar em todos os brinquedos infantis ao mesmo tempo. Infelizmente, essa não é a realidade para a maioria das pessoas, incluindo a minha quando abri minha loja virtual. Não ter tanto fôlego financeiro significa duas coisas básicas:

1) Você não pode ter um aporte financeiro tão alto para começar com um estoque de diversos produtos (estoque custa caro);

2) Você não tem fôlego para financiar campanhas de marketing no Facebook e no Google para diversos produtos ao mesmo tempo.

A conclusão é óbvia, mas é o principal erro da maioria das pessoas que começam seu e-commerce e a maior causa de fracasso das lojas virtuais: você precisa focar em um nicho específico de mercado, iniciar com poucos produtos (precisa de variedade para passar a impressão que sua loja tem diversos produtos, mas não precisa ter por exemplo 50 produtos diferentes) e focar o marketing digital nesses poucos produtos.

Sabendo que o segredo é focar em um sub-nicho e voltando ao exemplo dos brinquedos infantis, você precisa descobrir um subconjunto de produtos relacionados dentro de brinquedos infantis que permita que você tenha uma loja virtual focada somente nesse sub-nicho.

Vamos começar agora a desvendar o processo que você deve seguir para descobrir qual sub-nicho dentro do nicho que você escolheu é rentável e tem uma chance maior de ter sucesso rápido, além de necessitar menos investimento inicial.

3.3 Usando as Ferramentas Corretas para Entender o Mercado

Você sabe ler a mente do seu consumidor? Não? Vou lhe contar um segredo: eu sei. E não sou cartomante ou qualquer coisa do gênero. Apenas sei usar as ferramentas corretas.

O melhor é que vou lhe contar como fazer isso e você aprenderá rapidamente como fazê-lo. É um processo que exige paciência e prática, mas com o tempo você chega a maestria.

Nessa sessão, vou usar o exemplo de "brinquedos infantis". Analisaremos se os brinquedos infantis são um bom produto para se abrir uma loja online (em termos de mercado – outros fatores como fornecedor e entrega são externos a esse processo), como encontrar um bom nicho dentro desse mercado e como saber quem é minha concorrência e como ela é.

O primeiro passo é abrir o Google AdWords Keyword Tool (http://adwords.google.com/o/KeywordTool). Você vai precisar de uma conta do Google AdWords. Se você ainda não tem, é bem fácil criar.

> Há bem pouco tempo, o Google fechou as estatísticas. De graça agora (sem nenhuma campanha ativa), você só pode ver a estimativa de pesquisas mensais através de uma faixa (por exemplo 100 mil – 1 milhão). Embora ainda consiga ser usado, não torna a pesquisa tão rica. Para alterar isso, você precisa de uma campanha ativa no Google AdWords (por 40 reais você consegue ativar uma campanha qualquer – ainda muito mais barato do que qualquer ferramenta paga).

* Uma forma que alguns alunos do meu curso e-commerce Vencedor relataram que funciona é gerar a campanha do AdWords, gerar um boleto de R$40,00 e não pagar aquele boleto.

Outra opção que encontrei, essa de graça, é se cadastrar nas duas semanas de teste do ahrefs (https://ahrefs.com). Você vai precisar colocar o cartão de crédito, mas o pagamento só acontecerá duas semanas depois. Portanto, lembre-se de cancelar antes do pagamento!

Após o cadastro em ahrefs, crie um projeto qualquer para iniciar (esses dados não vão influenciar em nada) e conclua. Acesse então https://ahrefs.com/keywords-explorer e digite as palavras-chave como digitaria no Google. Esse site provê ainda mais informação que o Google Keywords Tool (como por exemplo o número de pesquisas que obtiveram ao menos um clique e a porcentagem de cliques que foram dados em anúncios pagos e que foram dados em resultados orgânicos do Google). O site é realmente muito bom, mas é caro. Mais uma vez, lembre-se de cancelar sua conta antes das duas semanas se passarem!

Minha opinião: pague os R$40,00 do AdWords e siga o passo-a-passo exatamente como eu faço abaixo.

Ao logar no Google Adwords Keyword Tool, você verá uma tela como a abaixo:

Planejador de palavras-chave
Onde você gostaria de começar?

Encontrar novas palavras-chave e ver dados de volume de pesquisas

▸ Procurar novas palavras-chave usando uma frase, um website ou uma categoria

▸ Exibir tendências e dados de volume de pesquisas

▸ Multiplicar listas de palavras-chave para receber novas palavras-chave

Planejar seu orçamento e receber previsões

▸ Insira ou faça o upload de uma lista de palavras-chave para receber previsões

▸ BETA Receba previsões de campanhas ou palavras-chave da sua conta

Ou continuar última sessão

Clique em "Exibir tendências e dados de volume de pesquisas"

Ali, você pode digitar pesquisas e o Google lhe mostrará o volume dessas pesquisas no Brasil.

Vamos digitar ali duas pesquisas (separadas por "Enter"). Pense em duas formas genéricas que você pesquisaria produtos do seu nicho. No nosso exemplo, pensei nas duas seguintes pesquisas:

Brinquedos Infantis

Brinquedos de Criança

Clique então em "Exibir volume de pesquisas". Você vai então visualizar algo como o gráfico abaixo. Quem abre um e-commerce sem analisar esses dados está fadado ao fracasso – não apenas ficará nas trevas em relação a como seu mercado funciona como também não conhecerá como o consumidor efetivamente encontra o produto que o seu e-commerce quer vender.

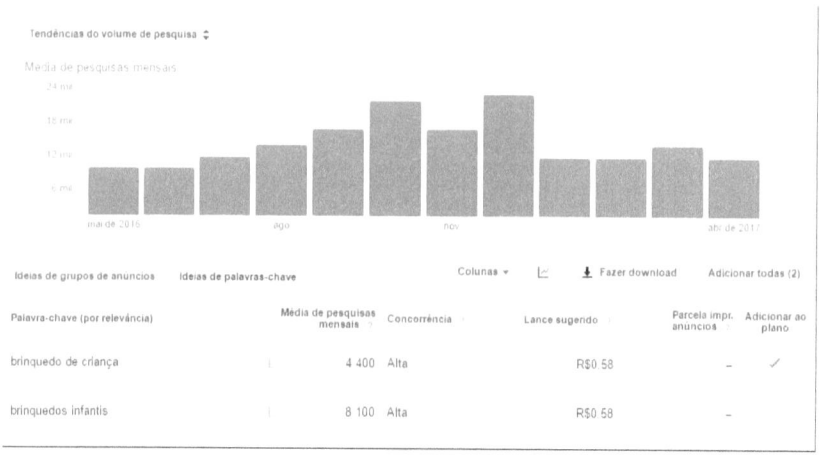

Vamos analisar rapidamente os dados, que são muito ricos.

1) De Janeiro a Março, temos uma média de 9 mil pesquisas por mês, um bom volume (não ótimo, mas já um volume substancial para uma única pesquisa)

2) Outubro e Dezembro temos mais que o dobro de pesquisas. Ora, dezembro parece ser claro que é devido ao natal. Já o mês de outubro, se pensarmos um pouco mais, veremos que temos o dia das crianças (12 de outubro). Então, de cara sabemos que teremos uma sazonalidade onde a previsão é ter o dobro de vendas ou mais nesses dois meses (em relação aos três primeiros meses do ano).

3) Todo mundo que procura produtos em lojas virtuais sabe que tem o tempo do frete. Isso é refletido nos meses que antecedem Outubro de Dezembro, sendo um pouco maior que os meses de tráfego normal.

Apenas essas informações já nos dão uma boa ideia de alguns dados importantes para pensar em nossa loja virtual. Mas uma informação muito importante não está aqui: será que esse mercado está crescendo ou reduzindo? Você não quer entrar em um mercado decadente, correto?

Para isso, no lado esquerdo, você verá uma caixa chamada "Período".

Período

Exibir média de pesquisas mensais para: últimos 12 meses

Clique no lápis para editar, ligue "Comparar", marque "Mesmo período do ano passado" e em seguida clique "Salvar".

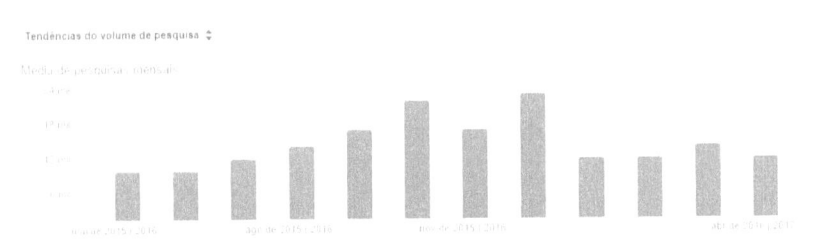

Acima, você pode ver que o azul claro é do ano anterior e o azul escuro o ano atual. Todos os meses apresentam um volume muito maior (em média 30% maior) que o ano anterior. 30%! Uau! Parece um mercado bem promissor.

Agora que já sabemos que temos um volume bom de pesquisas sendo feitas e que temos um mercado em grande ascendência, vamos ver de onde vêm essas pesquisas. Clique novamente em "Período" e desligue a comparação. Agora, na caixa em cima do gráfico, escolha "Detalhamento por local"

Detalhamento por local ⇕   Estado ⇕

● São Paulo. Brasil	29.7%
● Minas Gerais. Brasil	12.0%
● Rio de Janeiro. Brasil	11.2%
● Bahia. Brasil	6.1%
● Rio Grande do Sul. Brasil	6.0%
● Outros estados	35.0%

Sabendo que o frete é um item muito importante no e-commerce, pois locais distantes de seu estoque podem apresentar fretes que podem se tornar proibitivos dependendo do preço do seu produto (e da porcentagem que o frete representa no preço do produto), essa informação de localização lhe diz muita coisa. Analise o gráfico sempre em relação à localização da sua central de estoque.

Então, se seu estoque está em São Paulo, excelente - três estados facilmente acessíveis para uma central de estoque em São Paulo (São Paulo, Minas e Rio de Janeiro) somam mais de 50% de todas as pesquisas feitas no Brasil. Entretanto, se seu estoque está no Rio Grande do Norte, temos um possível problema. Se for esse o seu caso, clique em "Segmentação" e insira "Rio Grande do Norte". Você verá que 1,2% somente das pesquisas vêm de lá.

Detalhamento por local ⇕   Conforme a segmentação ⇕

● Brasil	98.8%
● Rio Grande do Norte. Brasil	1.2%

Isso pode não ser tão ruim, pois você está analisando somente Rio Grande do Norte e não será somente para lá que você vai vender. O correto seria incluir todos os estados vizinhos e então analisar com calma. E lembre-se de não analisar o % em si, mas o número de pesquisas absolutas. Existem palavras que tem mais de 500 mil pesquisas por mês. Então uma pequena porcentagem desse mercado é um excelente número.

É importante ressaltar que aqui estamos vendo somente o volume dessa pesquisa específica, que é apenas uma pequena parcela das suas vendas. Em seguida você verá que esses números ficarão muito maiores.

Mas então surge uma dúvida: será que as pessoas que procuram por brinquedos usam essas palavras no Google? Bom, é aí que começaremos a "ler a mente" de nossos consumidores com a ajuda do Google.

Volte para a página inicial, escolha "Procurar novas palavras-chave usando uma frase, um website ou uma subcategoria" e em "Seu produto ou serviço" insira "brinquedos infantis" e "brinquedo de criança". Clique então em "Obter Ideias".

O Google agora mostrará para você quais palavras também são utilizadas por seus futuros clientes para buscar brinquedos de criança. Ordene por "Média de pesquisas mensais" clicando sobre o título da coluna.

Palavra-chave (por relevância)		Média de pesquisas ↓ mensais ?	Concorrência ?	Lance sugerido ?
brinquedos		201.000	Alta	R$0.50
casinha de boneca		60.500	Alta	R$0.29
moto eletrica		49.500	Alta	R$0.25
loja de brinquedos		40.500	Alta	R$0.32
piscina de bolinha		40.500	Alta	R$0.58
carrinho de boneca		40.500	Alta	R$0.24
lojas americanas brinquedos		40.500	Alta	R$0.37
boneca barbie		33.100	Alta	R$0.31
brinquedos educativos		27.100	Alta	R$0.55
brinquedos para bebe		27.100	Alta	R$0.45
pula pula infantil		27.100	Alta	R$0.55
carro de controle remoto		27.100	Alta	R$0.24
piscina de bolinhas		18.100	Alta	R$0.62

Entendeu agora porque falei para não se ater tanto ao volume daquela pesquisa anterior?

Acima colocamos parte das palavras-chave que ele mostra e seus volumes de pesquisa. Veja também o lance sugerido, ele indica quando você pagaria em média pelo clique no anúncio com aquela palavra.

Se você notar, temos um padrão que nos dá um excelente nicho de mercado que tem um CPC (Custo Por Clique) menor e um volume de pesquisas maravilhoso: **boneca**. Veja bem:

- "casinha de boneca" tem 60 mil pesquisas mensais e um CPC de 0,29

- "carrinho de boneca" tem 40 mil pesquisas mensais e um PCP de 0,24

- "boneca barbie" tem 33 mil pesquisas mensais e um PCP de 0,31

Essas três palavras somam mais de 130 mil pesquisas mensais e são relacionadas a um único sub-nicho: boneca!

Então, se você é apaixonado por brinquedos infantis e quer abrir um e-commerce que venda esses artigos, a essa hora já sabe que precisa começar com produtos com demanda comprovada e o mais "nichado" (ou específico) possível. Que tal então ter uma loja especializada em bonecas infantis? E que tal, dentro dessa loja, ter a Barbie como um dos seus "produtos campeões" que será usado como chamariz?

Rolando a tela para baixo você verá diversas outras palavras interessantes, como "fogão de brinquedo" e "brinquedos educativos" que também são bons nichos a serem explorados.

Obviamente, temos que agora voltar ao primeiro passo e ver se a tendência de "boneca", ao menos dessas três pesquisas, também é crescente e de onde essas pesquisas estão vindo. Isso vai ocorrer a cada vez que refinamos nosso mercado. Você pode ver por si só – a tendência do mercado de bonecas parece ainda mais promissor...

Lembre-se que a escolha de um bom sub-nicho (que tenha bastante procura e demanda certificada) é um passo essencial para definir seus produtos. Isso porque competir cara-a-cara com gigantes do mercado em um grande nicho (que por isso mesmo tem muitos produtos) é uma estratégia falha. Você vai precisar focar em um sub-nicho, se tornar expert naquele sub-nicho e fazer um marketing específico para conseguir começar a competir com os grandes players do mercado – e até ser melhor que eles no sub-nicho que você escolheu.

3.4 Descobrindo e Entendendo a Concorrência

Agora que já definimos que vamos ter nosso e-commerce focado em bonecas, temos que descobrir e analisar nossos concorrentes e ver o que eles estão fazendo. Ah, e mais importante que isso, ver o preço que eles estão praticando nos produtos que queremos vender. Lembre-se que você pode ser facilmente mais caro que um concorrente pequeno, mas mais caro do que grandes concorrentes que dominam o mercado vão exigir uma boa dose de marketing e autoridade, pois as pessoas tendem a comprar

(1) pela confiança que tem na loja;

(2) pelo preço e;

(3) pelo apelo do marketing (bônus, etc). Então muito cuidado com essa parte.

Abrir um e-commmerce sem um estudo prévio da concorrência, do preço praticado em relação aos principais produtos a serem vendidos e da forma como as pessoas estão encontrando os produtos na concorrência é como jogar na loteria: você monta seu e-commerce e espera que um milagre ocorra para que você ganhe dinheiro. E sabe o pior? É o que a maioria das pessoas que abrem e-commerce hoje em dia fazem. **Uma dica: esperança não traz lucro.**

Já que definimos que nosso nicho é Brinquedos Infantis e que, dentro desse nicho vamos focar no sub-nicho "bonecas", e que ainda um dos principais produtos que queremos explorar são as bonecas Barbie, vamos agora descobrir quem são seus concorrentes nessa área.

Numa pesquisa simples do Google, digite "Bonecas Barbie" (sim, pesquisa simples em www.google.com.br). Analise somente os anúncios pagos. Eles vão lhe indicar quem está pagando anúncios no AdWords (ferramenta de marketing do Google) para aparecer quando alguém procura por bonecas Barbie. Meu resultado da pesquisa no Google pode ser visto abaixo:

Bonecas Barbie - Diversas Barbies em Promoção no Walmart.com

(Anúncio) www.walmart.com.br/Ofertas ▾
Produtos em Oferta no Walmart.com. Compre em até 10x S/juros. Confira!
Serviços: Entrega Rápida, Melhores Preços, Compra Segura, Variedade de Produtos

Eletrodomésticos é aqui.   Smartphone em Oferta
TVs, Home Theaters, Audio   Compre Aqui Automotivos

Playset e Boneca Barbie - Profissões - Barbie Pediatra

(Anúncio) www.rihappy.com.br/ ▾
Avaliação de 4 / ★ ★ ★ ★ ☆ para rihappy.com.br
Aproveite e Compre Hoje na Ri Happy Frete Grátis* Acima de R$299,00
Tipos: Brinquedos, Roupas, Acessórios
Marcas: Barbie, Fischer Price, LEGO, Hasbro, Mattel
Pelúcias Disney Ri Happy · Encontre uma Ri Happy · Brinquedos Para Meninos

Bonecas Barbie - Liquidação. - Bonecas Barbie Nova Coleção.

(Anúncio) www.tricae.com.br/Bonecas-Barbie/Ofertas ▾
Compre Bonecas Barbie em Até 10x S/Juros. Tudo Isso e Muito Mais, Aproveite!
Tudo Para o Seu Bebê! Frete Grátis* - Confira! · Descontos Especiais
Tipos: Brinquedos, Fantasias para Crianças, Mini Veículos, Bonecas, Bicicletas

O primeiro passo é agora clicar em cada anúncio. Deixe-me explicar por que isso é importante. Muitas lojas tendem a fazer campanhas usando palavras famosas (que tem muitas pesquisas) para tentar empurrar produtos parecidos – geralmente mais baratos e genéricos. Você verá que esse é o caso do WallMart. Ele anunciou com Barbie mas ele me leva para as Bonecas Fashion. No caso do WallMart, isso parece ser um erro da equipe de Marketing Digital deles, porque eles possuem Barbie. Mas pode ser uma estratégia (um tanto quando estranha ao meu ver).

Os outros dois anunciantes que vieram em minha pesquisa levam para bonecas Barbie. A conclusão aqui é que os três principais concorrentes que anunciam palavras Barbie são WallMart (que parece ter um erro no anúncio ou uma estratégia muito estranha de marketing), Ri Happy e Tricae.

Não esqueça de escolher uns dez produtos e escrever os preços sendo praticados em cada um dos sites analisados. Faça com dez ao menos e tente não passar de trinta para não ficar muito trabalhoso. Depois de tabulados os dados, você conseguirá ver qual sua competitividade junto a seus concorrentes. A tabela pode ser bem simples como a tabela abaixo:

	WallMart	Ri Happy	Tricae	Americanas	...
Produto 1					
Produto 2					
....					

Ok, feito isso, deixe eu agora explicar dois comandos não tão conhecidos de pesquisas do Google.

1) inurl: permite que você pesquise palavras que necessariamente estejam na URL (endereço da Internet). Isso é muito útil para palavras-chave importantíssimas, já que quando o site dá uma importância grande para a palavra, ele vai ter endereços nomeados com aquela palavra, já que ajuda muito o Google a ranquear uma página melhor quando isso acontece. Exemplo: "inurl:barbie" retorna todas as páginas que possuem a palavra "barbie" no endereço, demonstrando que aquela palavra faz parte de uma estratégia seria para aquele site.

2) intitle: permite pesquisar palavras-chave que estejam no título da página. Exemplo: "intitle:barbie" pesquisa páginas que possuem a palavra "barbie" no título da página. Também demonstra importância da palavra, mas em um nível menor que inurl.

3) site: pesquisa palavras somente dentro de um determinado website. É uma técnica excelente para pesquisar dentro de sites que já sabemos que são concorrentes como eles estão lidando com palavras que são importantes para você.

Bom, para começar, vamos digitar no Google "inurl:barbie". Meu resultado voltou como abaixo:

Aproximadamente 451.000 resultados (0,59 segundos)

Barbie - Jogos, vídeos e atividades
https://play.barbie.com/pt-br ▾
Explore o mundo de Barbie por meio de jogos, vídeos, produtos e muito mais! Com a Barbie. Você
pode ser tudo que quiser
Jogar   Assistir   Aventura de Cachorrinhos   Barbie Aventura nas Estrelas

Jogos da Barbie - jogos de moda, de princesa, quebra-cabeças, jogos ...
https://play.barbie.com/pt-br/games ▾
Explore jogos divertidos para meninas com a Barbie! Divirta-se com jogos de moda, quebra-cabeças
jogos de aventura e muito mais!

JOGOS DA BARBIE - Jogue Jogos da Barbie Grátis no Poki.com.br!
poki.com.br › Jogos de Meninas ▾
Jogos Da Barbie. Divirta-se com a boneca mais amada do mundo e curta o mundo Mattel em um de
nossos jogos da Barbie online! Jogue e Divirta-se!

Barbie - Ofertas de Barbie - Americanas.com
www.americanas.com.br › Página Inicial › Brinquedos › Barbie
Barbie com preço baixo é na Americanas com! Os melhores modelos e marcas de Barbie em oferta
Aproveite agora!

Barbie – Ri Happy
www.rihappy.com.br/barbie ▾

Os três primeiros links são sobre jogos online de Barbie – não são seus concorrentes diretos.

O 4º e o 5º são concorrentes diretos e pelo jeito que configuraram o site deles, fazendo questão de colocar "Barbie" no endereço da página, tem "Barbie" na estratégia do negócio deles.

Da mesma forma, você pode usar intitle. Meus resultados estão abaixo:

Barbie - Jogos, vídeos e atividades

https://play.barbie.com/pt-br ▾

Explore o mundo de Barbie por meio de jogos, vídeos, produtos e muito mais! Com a Barbie, Você pode ser tudo que quiser

Jogar   Assistir   Aventura de Cachorrinhos   Barbie Aventura nas Estrelas

Jogos da Barbie - jogos de moda, de princesa, quebra-cabeças, jogos ...

https://play.barbie.com/pt-br/games ▾

Explore jogos divertidos para meninas com a Barbie! Divirta-se com jogos de moda, quebra-cabeças, jogos de aventura e muito mais!

Filme completo da Barbie em português HD - YouTube

https://www.youtube.com/watch?v=plyIDb4-9J4 ▾

6 de fev de 2015 - Vídeo enviado por Mais Educativo

Mais vídeos e jogos da Barbie em http://maiseducativo.com.br/jogos-da-barbie/

Jogos de Vestir a Barbie no Jogos 360

www.jogos360.com.br/vestir_barbie/ ▾

Jogos de Vestir a Barbie no Jogos 360 online. 100% grátis. Os melhores e mais novos Jogos de Vestir a Barbie no Jogos 360, roupa, roupas, ...

JOGOS DA BARBIE - Jogue Jogos da Barbie Grátis no Poki.com.br!

poki.com.br › Jogos de Meninas ▾

Jogos Da Barbie. Divirta-se com a boneca mais amada do mundo e curta o mundo Mattel em um de nossos jogos da Barbie online! Jogue e Divirta-se!

Barbie – Ri Happy

www.rihappy.com.br/barbie ▾

Começamos a ver um padrão. Após os jogos online e um vídeo do YouTube, todos posicionados melhor que os produtos físicos, a Ri Happy está lá em primeiro lugar. Embora não apareça aqui, mais abaixo também temos Americanas.com. Ok, começamos a ver um padrão interessante aqui. Pela nossa análise até o momento, Ri Happy e Americanas.com são concorrentes fortes seus.

Agora, vamos aos fatos:

1) Ri Happy aparece em anúncios pagos, no inrul (segundo lugar em produtos físicos) e no intitle (primeiro ligar em produtos físicos)

2) Americanas.com não aparece nos anúncios pagos, em primeiro lugar no inurl e em segundo lugar no intitle (produtos físicos somente)

3) WallMart e Tricae pagam pela palavra "Barbie" mas não estão tão bem posicionadas como a Ri Happy e Americanas.com.

Se tiver tempo para estudar somente um ou dois concorrentes a fundo, dê sempre preferência aos concorrentes que aparecem organicamente em primeiro lugar e, também, pagam pela palavra no Google. Isso significa que eles já trabalham com o produto há um bom tempo e ainda possuem a estratégia de vendas muito forte, pois ainda anunciam mesmo estando em um lugar muito bom organicamente.

Nesse nosso estudo de caso então, escolhemos a Ri Happy como nosso principal concorrente. O próximo passo é ver qual a importância que a Ri Happy dá para as bonecas (podemos usar Barbie como pesquisa). O que estamos tentando descobrir é a quantidade de páginas e produtos que serão encontrados no website do concorrente pelo Google se procurarmos por "Barbie". Para isso, é hora de ir no Google e digitar "barbie site:www.rihappy.com.br", ou seja, instruir o Google a me retornar todas as páginas da Ri Happy que possuem a palavra-chave "Barbie". Meus resultados estão abaixo. São impressionantes e assustadores ☺.

Temos 22 mil resultados para Barbie somente dentro da Ri Happy!!

Mas não se desespere achando que você deve desistir das bonecas. Longe disso. Já sabemos que é um nicho excelente e que Barbie parece ser um nicho melhor ainda dentro das bonecas. O que isso nos mostra é que a Ri Happy vai ser um forte concorrente. Isso também mostra que você deve aprender muita coisa com a Ri Happy sobre preços, tipo de marketing com bonecas, etc. Ou seja, você achou uma **MINA DE OURO!**

Está na hora agora de usar o Google Keywords Tool para ver por quais outras palavras-chave a Ri Happy é encontrada.

Para isso, volte ao Google Keywords Planner e no primeiro bloco à esquerda ("Procurar novas palavras-chave e ver dados de volume de pesquisa) digite o website da Ri Happy em "Sua página de destino"). Com isso, basicamente você está perguntando ao google quais as palavras-chave que as pessoas usam para chegar ao seu maior concorrente em nosso estudo de caso: Ri Happy.

Encontrar novas palavras-chave e ver dados de volume de pesquisas

▾ Procurar novas palavras-chave usando uma frase, um website ou uma categoria

Insira um ou mais dos elementos a seguir
Seu produto ou serviço

Sua página de destino
www.rihappy.com.br

Categoria de seu produto

Segmentação

Brasil

Todos os idiomas

Google

Palavras-chave negativas

Período

Exibir média de pesquisas mensais para: últimos 12 meses

Personalize sua pesquisa

Filtros de palavras-chave

Opções de palavras-chave
Mostrar ideias amplamente relacionadas
Ocultar palavras-chave em minha conta
Ocultar palavras-chave em meu planejamento

Palavras-chave a serem incluídas

Obter ideias

Após clicar em "Obter Ideias", ordene por "Média de pesquisas mensais" e você vai ver então como as pessoas estão chegando na Ri Happy pelo Google. Vou colocar parte dos resultados aqui embaixo.

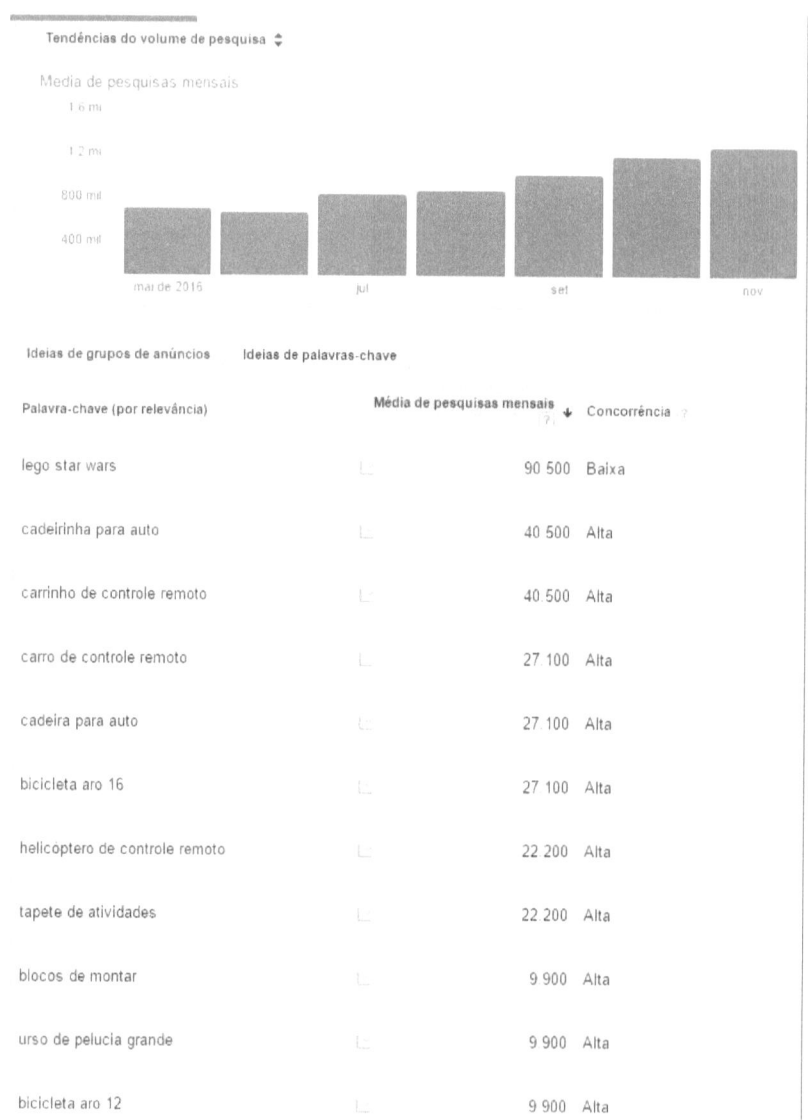

Tendências do volume de pesquisa

Média de pesquisas mensais

Palavra-chave (por relevância)		Média de pesquisas mensais	Concorrência
lego star wars		90.500	Baixa
cadeirinha para auto		40.500	Alta
carrinho de controle remoto		40.500	Alta
carro de controle remoto		27.100	Alta
cadeira para auto		27.100	Alta
bicicleta aro 16		27.100	Alta
helicoptero de controle remoto		22.200	Alta
tapete de atividades		22.200	Alta
blocos de montar		9.900	Alta
urso de pelucia grande		9.900	Alta
bicicleta aro 12		9.900	Alta

Eu não sei quanto a você, mas se eu me tranquilizei um pouco... O nicho que estamos vendo nesse estudo de caso é o de bonecas e temos um apreço especial pela boneca Barbie (podemos imaginar que temos facilidade de conseguir a Barbie barata em um fornecedor) e a boneca parece não ser a principal razão das pessoas encontrarem o meu concorrente.

Relativo à boneca, ao menos quando eu fiz esse exercício, a primeira pesquisa era "Boneca que parece de verdade". Era essa a procura mais alta da Ri Happy em relação a boneca. E sim, isso é uma excelente dica e ação para você fazer em seu site – provavelmente uma sessão "Bonecas que Parecem de Verdade", pois assim você roubaria parte dessas pesquisas que hoje levam à Ri Happy para a sua loja. Veremos isso com mais profundidade quando estudarmos SEO e o Marketing no Google para Lojas Online.

Mas vamos ler a mente dos consumidores ainda mais a fundo. Qual seria a forma que as pessoas chegam em bonecas na Ri Happy a partir de pesquisas do Google? Será que conseguimos saber isso? Sim! E de graça!

Para isso, volte o início da pesquisa e, além do site, coloque "boneca" em produto. Vou mostrar o meu resultado abaixo.

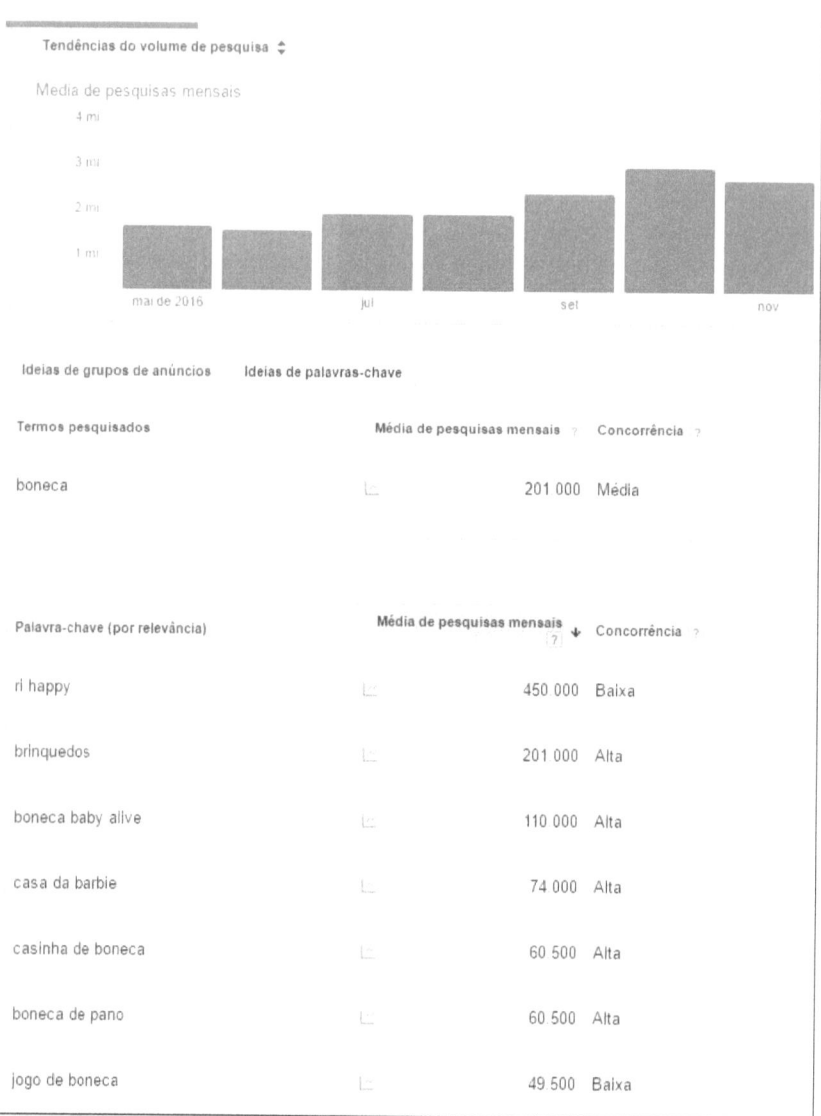

Tendências do volume de pesquisa ⇕

Média de pesquisas mensais

Ideias de grupos de anúncios	Ideias de palavras-chave	
Termos pesquisados	**Média de pesquisas mensais** ?	**Concorrência** ?
boneca	201 000	Média

Palavra-chave (por relevância)	Média de pesquisas mensais ↓ ?	Concorrência ?
ri happy	450 000	Baixa
brinquedos	201 000	Alta
boneca baby alive	110 000	Alta
casa da barbie	74 000	Alta
casinha de boneca	60 500	Alta
boneca de pano	60 500	Alta
jogo de boneca	49 500	Baixa

Bom, a primeira palavra-chave depois da própria marca que leva a boneca é uma palavra mais genérica: "brinquedo". Depois, tempos "boneca baby alive" e "casa da barbie". O preço do CPC (Custo por Clique) para "brinquedo" como se poderia imaginar é muito mais caro que da Barbie, que está em R$0,18 o lance sugerido. Já trabalhei em mercados cujo lance era muito maior do que um real, então ver um produto com R$0,18 é muito bom - principalmente um produto tão conhecido como a Barbie.

Ok, estamos já quase convencidos em abrir o e-commerce de bonecas, mas sabendo que esse é o passo mais importante que você vai tomar, você precisa analisar ainda ao menos mais três concorrentes.

Gaste um tempo com isso. Se você trabalhar sério, em dois dias você terá o seu estudo feito e com uma infinidade de informações estratégicas para começar seu e-commerce...Serão os dois dias mais bem utilizados para o seu negócio.

Minha dica aqui é voltar aos nossos passos iniciais e pegar o segundo nome da lista, que no nosso estudo de caso aqui apresentado seria WallMart ou Tricae.

Como um passo complementar, você também pode usar SEMRush (https://www.semrush.com) para analisar a concorrência da própria Ri Happy. Para isso, abra a página do SEMRush, digite "www.rihappy.com.br" em domínio e troque para "Brasil" a lista ao lado, como exibido abaixo:

Clique em "Start now" e veja que a maioria do tráfego ao site é orgânico (1,5 milhões) e não pago (70 mil acessos pagos). Mas então desca na página até encontrar um gráfico chamado "Competitive Positioning Map" (Mapa de Posicionamente Competitivo – em tradução livre).

Quando fiz essa pesquisa em maio de 2017, o resultado foi esse:

Ou seja, os maiores concorrentes da Ri Happy no Brasil com relação ao tráfego orgânico (não-pago) são a pbkids.com.br, a toymania.com.br, a tricae.com.br, a hasbro.com e a bebestore.com.br.

O ideal aqui é ver como as pessoas chegam nessas lojas e qual a relação delas com a boneca Barbie. Isso vai dar a você uma boa ideia de como alcançar as pessoas mais tarde e do quão importante o ramo de boneca é para cada uma dessas empresas. O processo é exatamente o mesmo que expliquei até então, apenas trocando o site.

Pronto, agora você já conseguiu informações que a grande maioria não sabe. Não há como mensurar isso de forma exata, mas eu diria que a chance de você ter sucesso é agora ao menos 10 vezes maior do que alguém que abre uma loja sem essa análise. Não estou exagerando. Se as pessoas fizessem isso na hora que estivessem abrindo seu e-commerce, muitas iriam mudar o nicho, o sub-nicho e os produtos antes de comprar o estoque inicial.

Para quem tem loja física, esse estudo é muito importante para conhecer a demanda dos seus produtos no mundo online e também saber qual dos subnichos escolher para iniciar sua loja virtual. Você quer aqui o melhor sub-nicho dentre aqueles que você trabalha em sua loja física para iniciar seu e-commerce.

Ah, e não coloque nenhum desses dados fora. Eles serão valiosos em diversas decisões que você precisará tomar no futuro.

3.5 Definindo seu Markup e Entendendo os Custos Financeiros

Um dado muito importante que você precisa ter é o markup do seu produto. Markup nada mais é que a relação do preço de venda com o preço de custo. Por exemplo, se o custo do seu produto é R$50,00 e seu preço de venda é R$100,00, seu markup é 100%. Para calcular com precisão seu markup, duas variáveis são necessárias: o custo do produto para você e o preço de venda final do produto.

Vamos falar um pouco mais do custo do produto. Imagine que seu produto tenha as características abaixo:

- Será comprado por você diretamente do seu fornecedor por R$ 100,00

- Você pode investir 4 mil reais no início, então comprará 40 produtos

- Você mora no Maranhão e o fornecedor é de São Paulo. O frete sairá 300 reais.

Vejamos o que temos até agora. Isso significa que cada produto em média tem R$ 7,50 de custo a mais de frete (300 reais de frete divididos por 40 produtos). Então seu produto tem um custo de R$ 107,50 em média até agora.

Em linhas gerais, o markup de um e-commerce deve ser ao menos 50%, mas isso varia muito com o tipo de produto - então você terá que saber o seu markup ideal.

Digamos nesse mesmo exemplo, que o seu produto é vendido em média na Internet por R$ 200. Sabendo que seu custo é R$107,50 (R$ 100 do produto e R$7,50 do frete), seu *Markup* (ou multiplicador) é 186%

200 / 107,50 = 1,86 = Markup de Nível 1 (ou Markup bruto)

Mas seus custos não são somente esses: você vai ter um custo financeiro ao vender seus produtos. Esses custos variam conforme a plataforma de pagamentos que você estiver utilizando (PagSeguro, PayPal, etc), e temos um capítulo específico para isso nesse livro. Mas vou colocar um exemplo genérico abaixo para servir de média para você calcular as taxas que serão descontadas de você em relação ao valor de venda do produto.

Tipo de Compra	Taxa Intermediação	Taxa Parcelamento	Total	% Média Final (Valor R$ 150)
Boleto	4,19%	0,00%	4,19%	95,81%
1x Cartão	4,19%	0,00%	4,19%	95,81%
2x Cartão	4,19%	4,32%	8,51%	91,49%
3x Cartão	4,19%	5,70%	9,89%	90,11%
4x Cartão	4,19%	7,05%	11,24%	88,76%
5x Cartão	4,19%	8,38%	12,57%	87,43%
6x Cartão	4,19%	9,68%	13,87%	86,13%
7x Cartão	4,19%	10,96%	15,15%	84,85%
8x Cartão	4,19%	12,22%	16,41%	83,59%
9x Cartão	4,19%	13,45%	17,64%	82,36%
10x Cartão	4,19%	14,65%	18,84%	81,16%

Ou seja, vender um produto por R$ 200,00 em 1x no boleto ou cartão fará com que você receba em média R$200,00 * 95,81% = R$ 191,62. O seu lucro real então em uma operação à vista é R$ 191,62 – R$ 107,50 = R$ 84,12.

Já se vender em 5x sem juros, estamos falando em receber R$174,86 (R$ 200 * 87,43%). Seu lucro real nessa operação seria 174,86 – 107,50 = R$ 67,36.

Sabendo disso, ajuste o preço dos seus produtos da melhor forma possível. Não escolha o menor preço que encontrar na Internet como base para seus preços a não ser que você consiga arcar com todos os custos aqui apresentados. E lembre-se que se sua estratégia for só preço, será muito difícil se manter sem um volume gigantesco de vendas, o que é muito raro de se conseguir no início da operação da sua loja virtual. Sua estratégia deve ser qualidade, especialidade e preço. É isso que lhe fará ganhar mais e mais dinheiro nesse mercado maravilhoso que é o e-Commerce.

Para calcular seu Markup de Nível 2, ou Markup Líquido, considere sempre o cálculo da tabela acima correspondente à parcela no meio do máximo que você aceita parcelar sem juros. Por exemplo, se você aceita em seu e-commerce parcelar em até 10 vezes, mas somente até a sexta parcela é sem juros, considere a entrada de 3x.

No caso do nosso exemplo, o Markup Líquido seria calculado como abaixo:

- Preço Final de Venda no e-commerce: R$200,00
- Quanto recebo em 3x sem juros: R$200,00 * 90,11% = R$180,22
- Custo do Produto: R$107,50
- Lucro médio por venda: R$ 180,22 – R$ 107,50 = R$72,72
- Markup Líquido = R$ 180,22 / R$ 107,50 = 167,65%

É claro que o lucro de R$72,72 por venda desse produto ainda não é 100% líquido. Você tem que pagar sua luz, sua plataforma online e todos os outros gastos fixos que você possui para o funcionamento da sua loja virtual. Mas isso será diluído entre todas suas vendas.

CAPÍTULO 4: SEU PÚBLICO-ALVO

4.1 O que é Persona ou Avatar?

A estratégia de marketing da sua loja virtual, que vai definir não apenas como divulgar os seus produtos mas também muitos aspectos de como você "monta" seu e-commerce deve sempre focar em um grupo de pessoas – aquelas que estão ou podem estar interessadas em seus produtos. Achar esse público é um esforço que, embora não seja simples, compensa muito: quanto mais específico e certeiro você for, melhor será sua taxa de conversão e, por consequência, seu lucro.

Alan Cooper, considerado o pai das personas (que vem do inglês "Buyer Persona"), estendeu o conceito de público-alvo para personaliza-lo de forma única, fazendo com que você faça o marketing para uma pessoa com nome, idade, profissão, sexo, cor, etc e não para um conjunto de pessoas. A ideia é você passar a conhecer mais e mais a sua persona, tornando-se íntimo dela, conhecendo quais músicas ela gosta, quais lugares ela frequenta, etc.

Basicamente, Persona é a personificação do público que compra ou vai comprar o seu produto. Definir a Persona do seu negócio é uma obrigação para um e-commerce vencedor. Muitos empreendedores pecam por abrir a loja e sair vendendo sem parar e fazer essa tarefa antes. A importância da definição da Persona está no entendimento das pessoas que irão visitar sua loja virtual, o que impacta de forma profunda a forma que o layout do seu e-commerce deve ser definido (para que fique atrativo para seus clientes) e também a forma que você fará o marketing da sua loja e dos seus produtos.

Para o seu e-commerce vender bem, você não pode de forma alguma criar campanhas genéricas que, por exemplo, atinjam "todas as mulheres entre 18 e 50 anos". Isso não funciona mais. Campanhas genéricas são extremamente caras e muitas vezes trazem prejuízo: você até vende, mas o seu custo de aquisição do cliente (CAC) pode acabar sendo maior que o lucro que você tem com o produto.

Antes de definirmos a Persona, vamos falar do Público-Alvo. Muitas pessoas usam público-alvo como sinônimo de Persona, mas há uma sutil diferença. Público-Alvo é algo mais amplo. Abaixo está um exemplo de público-alvo:

- Mulheres entre 30 e 45 anos

- Casadas

- Trabalham em multinacionais

- Tem uma renda familiar maior que 10 mil reais

- Possuem cargo de coordenador ou gerente

Isso é um bom exemplo de público-alvo. Mas note que ele não tem um rosto. Seu marketing já ficará bem melhor com um público-alvo do que sem ele, pois ao menos você consegue especificar uma boa parte do seu público e focar seu marketing nele. Mas você ainda precisa de uma Persona para diminuir seus custos de marketing e acertar em cheio.

Persona é definida através de entrevistas, falando com seus clientes ou futuros clientes. Não pode ter achismos e tem que ser pessoal, com foto e outras características, como mostraremos em seguida. Você tem que praticamente conhecer sua Persona - se conseguir se sentir amigo dela, melhor ainda.

4.2 Perguntas para definir sua Persona

Para começar a definir sua persona, pense nas perguntas-abaixo e preencha como você entende que sua persona responderia. Guarde o resultado. Em seguida, tente entrevistar clientes atuais (se você possui loja física) ou pessoas que você entende que seriam seus futuros clientes (se você estiver abrindo uma loja do zero).

1) Apenas se você está começando do zero e não tem clientes ainda
    a. Você compraria os produtos X, Y ou Z (3 produtos seus) na loja virtual www.sualoja.com.br?
    b. Se ele responder sim, continue com o questionário. Caso negativo, pergunte porque ele não compraria esses produtos? Não compraria online ou não compraria por alguma outra razão?

2) Qual a idade de sua persona?

3) Qual o grau de escolaridade?

    a. Ensino fundamental

    b. Ensino médio

    c. 3º Grau Incompleto

    d. 3º Grau Completo

    e. Mestrado

    f. Doutorado

4) Qual o estado civil de sua persona?

    a. Solteira

    b. Casada

    c. Divorciada

    d. Viúva

5) O que ela faz nas horas vagas?

    a. Passeia com a Família

    b. Cozinha

    c. Faz compras na Internet (caçadora de promoções)

    d. Vê novelas da Globo

    e. Etc

6) Qual o emprego ou ocupação dela?

    a. Diretora

    b. Gerente

    c. Coordenadora

    d. Empregada

e. Empregada Pública

7) A empresa onde ela trabalha é grande ou pequena (quantos funcionários ao todo)?

    a. 1 Funcionário

    b. 2-4 funcionários

    c. 5-20 funcionários

    d. 20-100 funcionários

    e. 100-1000 funcionários

    f. +1000 funcionários

8) Onde ela busca informações

    a. Facebook

    b. Jornais (quais)

    c. Revistas

    d. Blogs

    e. TV

9) Quais as redes sociais em que ela interage

    a. Facebook

    b. Google+

    c. Twitter

    d. Instagram

    e. Pinterest

    f. Linkedin

    g. Etc

10) Qual o maior desafio de sua persona (pergunta mais válida para B2B [Business-to-Business])?

Exemplos: conseguir tráfego de qualidade para sua loja on-line; não tem o tênis que quer pelo preço que deseja; não acha os materiais que quer para sua bicicleta; não ter dinheiro para comprar o que ela quer; etc

11) Como ela prefere se comunicar?

    a. WhatsApp

    b. E-Mail

    c. Skype

    d. Telefone Celular

    e. Telefone Trabalho

    f. Facebook

    g. Etc

12) Qual os maiores objetivos da sua Persona (caso B2C, objetivos em relação ao ramo da sua loja)?

Exemplos: Aumentar suas vendas; Ter sua marca reconhecida; estar sempre "chique"; etc

13) Onde sua Persona costuma fazer a maior parte de suas compras (físico, online, etc)?

14) Qual a frequência que sua Persona faz compras na Internet?

15) Como sua Persona decide em que loja vai fazer sua compra on-line (pesquisa própria no Google, propagada vinda do Face, etc)

16) Para sua Persona: em uma loja on-line é mais importante qualidade, preço ou frete? Porquê?

17) Como sua empresa pode ajudar sua persona?

18) Qual o maior sonho da sua persona?

a. O sonho da sua persona é muito importante para o marketing, pois consegue captar rapidamente a atenção dela.

19) Qual o maior sonho relacionado aos produtos que você vende da sua persona?

20) Qual a maior dor ou medo da sua persona?

a. Lembre-se que as pessoas tendem a comprar produtos muito mais facilmente pela dor do que pelo sonho. É mais fácil vender aspirina para quem tem dor de cabeça do que vender aspirina para quem quer diminuir o risco de um ataque cardíaco.

21) Qual a maior dor ou medo relacionado aos produtos que você vende da sua persona?

Respondidas essas perguntas, comece a catalogar as respostas. Com base no que a maioria das pessoas respondem, comece a criar sua Persona: pegue uma foto que representa sua Persona, coloque as respostas ordenadamente, imprima e cole na parede. Sua loja virtual e seu marketing têm que ser sempre pensados nessa Persona. Parabéns, você agora tem um novo chefe.

4.3 Um exemplo de Persona

Fernanda Silva

Idade: 43 anos

Estado Civil: Casada

Filhos: Um filho de 12 anos

Sexo: Feminino

Escolaridade: Superior Incompleto

Cargo: Vendedora no Comércio

Tamanho da Empresa: 4-10 Funcionários

Busca Informações: Facebook e TV

Redes Sociais: Facebook e Instagram

Comunicação: WhatsApp, Facebook e E-Mail

Objetivos:

    - Viver e estar sempre bonita

    - Parecer sempre "chique" em relação a suas amigas

Problemas/Desafios:

- Não tem dinheiro suficiente para "viver" seu objetivo

- Não confia em lojas on-line – acha que podem estar aplicando golpe

Sonho e Dor:

- A maior dor da Fernanda é não ter dinheiro para comprar as roupas e sapatos de marca que ela quer, pois teria que deixar de lado coisas básicas hoje.

- O maior sonho da Fernanda é viajar o mundo inteiro bem vestida, chique, com seu marido.

Como a sua empresa pode ajudá-la:

- Mostrando que a empresa é confiável: produtos de qualidade e sempre entrega o que vende (geralmente antes do prazo)

- Vendendo produtos com um excelente custo/benefício

- Fazendo promoções que façam as roupas e acessórios que ela quer para se sentir chique acessíveis ao bolso dela

Hábitos de Compra

Compra mais em loja física. Compra on-line 1 vez a cada 2 meses, principalmente cosméticos. Se decide pela loja que vai comprar olhando as promoções que vem no Facebook, pois não gosta de pesquisar muito no Google porque não confia.

4.4 Como Conduzir as Entrevistas

Se você está iniciando uma loja virtual com um produto que nunca trabalhou antes (ou seja, você não tem loja física e nem experiência no ramo), a melhor e quase única opção é entrevistar pessoas reais que você sabe que compram bastante do seu produto, de preferência que comprem seus produtos no mundo virtual. Exemplo: se sua loja será de materiais esportivos, fale com uns dez amigos seus que você sabe que hoje compram materiais esportivos na Internet e faça uma entrevista com eles. Quanto mais pessoas você entrevistar, melhor.

Se você já possui uma loja física funcionando, uma forma muito legal de se fazer isso é mandar a entrevista (pode ser por e-mail mesmo) e pedir para uns 20 clientes seus responder. Diga (no início do e-mail) que você dará um grande cupom de desconto ou até mesmo um produto de brinde (dependendo do seu ticket médio) se a pesquisa for respondida. Se conseguir fazer dois tickets – um para a loja física atual e um para sua futura loja virtual, melhor ainda, pois você já terá clientes com grande potencial de compra no momento que você "abrir suas portas virtuais", ou seja, colocar seu e-commerce no ar.

Se você tem uma loja virtual já funcionando, a tática apresenta para as loja físicas acima também funcionam – mas o ticket nesse caso será apenas para a loja virtual.

O mais importante é que não tenha "achismos". Os dados têm que ser reais.

4.5 Múltiplas Personas

Uma loja virtual pode apresentar múltiplas Personas. Na verdade, não é incomum uma loja apresentar mais do que uma persona. Isso pode ocorrer porque parte dos produtos da sua loja virtual são desejados por um tipo de cliente e outra parte dos produtos da sua loja são desejados por outro tipo de cliente.

Deixe-me dar um exemplo: você tem um negócio on-line que vende consultoria para tirar visto para os EUA. Se você pensar rapidamente, identificará duas grandes Personas aqui: o turista e quem quer o visto para ir trabalhar. O marketing de um (por exemplo com fotos da Disney) não atrairá de forma alguma quem quer ir trabalhar nos EUA. Então, você terá que pensar nessas duas personas e criar campanhas e produtos específicos para cada um.

O mesmo pode ocorrer se sua loja virtual vende camisetas básicas masculinas e femininas. Mesmo se o perfil das camisetas básicas for o mesmo (por exemplo para pessoas "descoladas" com baixa faixa etária), quem compra as camisetas masculinas é uma Persona e quem compra as camisetas femininas é outra Persona.

Lembre-se que a razão de se definir uma Persona é fugir do marketing genérico, que envia uma mensagem que não desperta o desejo de compra em seu cliente final. Mensagem e marketing genérico tornam seu marketing caro e não produtivo. Tendo a Persona ou as Personas definidas, seu marketing toca no coração do seu cliente, pois você sabe quem ele é, o que ele gosta, qual o sonho dele e, o mais importante, qual a maior dor que ele possui.

4.6 Indo Além do Básico

Tudo o que falamos até aqui é essencial. É praticamente obrigatório você definir sua Persona com os dados que apresentamos até aqui. Isso fará uma diferença muito grande a médio e longo prazo. Lembre-se que é o planejamento que difere os 90% dos empreendedores que falham dos 10% que têm sucesso.

Mas podemos ir mais longe do que fomos até aqui e fazer uma pesquisa mais aprofundada sobre nossa Persona.

Se você tem recursos para ir mais além em uma pesquisa com seus atuais e futuros clientes, o estudo da Persona pode ser muito mais profundo. É claro que esse estudo tão especializado é mais voltado para lojas virtuais focadas em vender produtos para outras empresas (B2B) e não para o consumidor final (B2C).

Nesses estudos de Persona mais avançados, além de criar o perfil de sua Persona com a foto como fizemos acima, você detalha o que faz a outra empresa considerar a compra do produto que você vende, o que seria o fator de sucesso quando se a empresa comprasse o seu produto, qual o critério de decisão e algumas outras informações importantes.

Isso é completamente opcional. Na verdade, se você estiver iniciando e tem o foco em B2C (venda para consumidor final) nem aconselhamos seguir adiante.

Na análise mais detalhada da Persona, nos aprofundamos em 5 tópicos principais, sempre focado na pessoa que toma a decisão da compra do seu produto (no B2B, essa pessoa muitas vezes é o gerente de compra, o diretor financeiro ou o próprio CEO da empresa que está comprando seus produtos).

1) Perfil Complementar da Persona
   a. Responsabilidades
   b. Como a pessoa é avaliada dentro da empresa
   c. Quais os recursos que a pessoa acessa para tomar decisão

2) Detalhamento dos gatilhos que fazem a empresa comprar um novo produto
3) Fatores de Sucesso
   a. Detalhar quais os resultados a Persona espera se adquirir seu produto
4) Quais atitudes ou barreiras impedem que a Persona invista em um novo produto (o seu, no caso)
5) Quais características do produto a Persona avalia quando compara produtos similares ao seu no mercado?

CAPÍTULO 5: ESCOLHENDO SEU DOMÍNIO

5.1 Básico sobre Domínios

Endereços na Internet são da seguinte forma:

http://subdominio.dominio/

Protocolo   Ex.: lojaonline   Ex.: tim.com.br

Embora existam diversos protocolos, o que você precisa conhecer é o "http", que significa HyperText Transfer Protocol, ou Protocolo de Transferência de Hipertexto em português. Por enquanto, tudo o que você precisa saber desse protocolo é que os navegadores o utilizam quanto leem as páginas da Internet e as apresentam de uma forma visual para você.

Domínio na Internet é o nome com o qual os websites são encontrados. Por exemplo, a empresa TIM registrou o domínio "tim.com.br" aqui no Brasil[1].

Se você entrar em "www.tim.com.br", você verá a página principal da TIM. O "www" aqui funciona como um subdomínio padrão. Você pode verificar isso digitando apenas "tim.com.br". O navegador vai direcioná-lo para "www.tim.com.br".

www.tim.com.br

---

[1] Para ser purista, "com.br" é o domínio-topo (do inglês TLD de *top-level domain*), mas não é relevante nesse livro porque são detalhes acadêmicos)

Domínio: tim.com.br

Subdomínio: www (padrão)

Se você entrar em "lojaonline.tim.com.br" você vai acessar diretamente a loja on-line da TIM, ou seja, um website diferente daquele apresentado em www.tim.com.br.

lojaonline.tim.com.br

Domínio: tim.com.br

Subdomínio: lojaonline

Pronto, já sabemos o básico para conseguirmos seguir adiante nos próximos tópicos.

5.2. Porque a escolha do Domínio é Importante

O Domínio do seu e-commerce definirá a forma como ele será conhecido por todo mundo. Quanto mais fácil de memorizar o nome de seu domínio, melhor.

Uma dica de ouro para ajudar sua loja no ranking do Google é colocar o subnicho escolhido (ou a palavra que lembra ele) no nome do Domínio que você vai escolher. Por exemplo, você decidiu vender biquínis e escolhe o Domínio da sua loja como "MeuBiquini.com.br" para que seja encontrada em "www.meubiquini.com.br". Nesse caso, você já ajuda seu SEO (*Search Engine Optimization*) para que o domínio seja encontrado mais facilmente de forma orgânica no Google (orgânico = sem anúncios). Isso pode fazer uma boa diferença mais tarde: leve isso em consideração caso ainda não tenha uma empresa com um nome definido.

Outra dica para a escolha do nome do domínio é listar o nome de todos os concorrentes e ter uma certa diferenciação. Por exemplo, se um concorrente seu vende produtos similares aos seus em "seubiquini.com.br", colocar "meubiquini.com.br" provavelmente não é uma boa ideia, pois vai causar muita confusão.

Quanto ao final do domínio (TLP ou domínio topo), o mais indicado é ter seu domínio registrado tanto como .COM.BR como .COM. Fuja dos outros finais (.NET, .CO, etc), pois além de se saírem pior no Google, ainda não estão na cabeça das pessoas. Elas vão tender a digitar "sualoja.com.br" ou "sualoja.com". Lembre-se que uma pequena diferença em ser encontrado pelos seus futuros clientes, faz uma grande diferença na economia com anúncios a longo prazo. Ter o domínio .COM.BR e .COM chama-se "lacrar o domínio", ou seja, ter certeza que você tem os finais campeões de busca. Se você tiver que escolher porque um dos finais já está cadastrado para outra pessoa, prefira sempre o .COM.BR.

Por último, fuja de nomes muito longos, como "meubiquinipreferido.com.br". Domínios muito longos tem o tráfego direto (ou seja, aquele que o cliente já conhece sua loja e digita diretamente no navegador) prejudicado.

No caso do nosso exemplo sobre e-commerce de bonecas, algumas ideias seriam "superbonecas.com.br", "bonecasbrasil.com.br", "queroboneca.com.br", "amobonecas.com.br" e "bonecaecia.com.br".

Quanto a subdomínio, fique com o "www" se você ainda não tem nenhuma página da sua empresa. A razão é óbvia: muita gente depois de conhecer seu e-commerce vai digitar diretamente "www.nomedaloja.com.br".

Uma dúvida frequente que surge é daquelas pessoas que já possuem uma empresa e por isso mesmo já registraram o domínio da sua empresa e lá possuem uma página institucional, descrevendo onde é e o que faz a empresa. A dúvida é: você deve colocar a página da empresa em outro lugar e ter a loja virtual no domínio principal?

Não existe uma resposta única para essa pergunta, mas como regra de ouro, se você já tem uma página de sua empresa em "www.nome-empresa.com.br", tente mantê-la da forma que está e criar o subdomínio "loja.nome-empresa.com.br" ou "lojaonline.nome-empresa.com.br" para seu e-commerce.

Outra opção, principalmente se sua marca não é conhecida ou você não deseja usar aquele nome é ter um novo domínio para sua loja. Em ambos os casos, peça para a equipe que mantém o website "www.nome-empresa.com.br" colocar visivelmente na página principal um aviso que você tem agora um e-commerce, com o endereço visível e um link para ele.

Em resumo:

1. Pense em um nome que seja fácil de memorizar
2. Se possível que tenha a palavra principal do subdomínio escolhido ou que lembre dele
3. Fuja de nomes muito semelhantes aos seus concorrentes
4. Escolha um domínio que de preferência você consiga .COM.BR e .COM. Se tiver que escolher entre os dois porque um deles já está registrado, dê preferência ao .COM.BR
5. Fuja de nomes de domínio muito longos

5.3. Escolhendo seu Domínio

O primeiro passo antes de registrar seu domínio é ver se suas ideias de nome estão livres ou já estão registradas. Comece com uma simples pesquisa no navegador mesmo. Abra o navegador e digite na barra de endereço "www.SuaIdeia.com.br". Caso a página abra com conteúdo, significa certamente que aquele domínio já está registrado.

Caso não abra e dê erro, como abaxio, isso não significa que o domínio esteja livre – somente que não está em uso

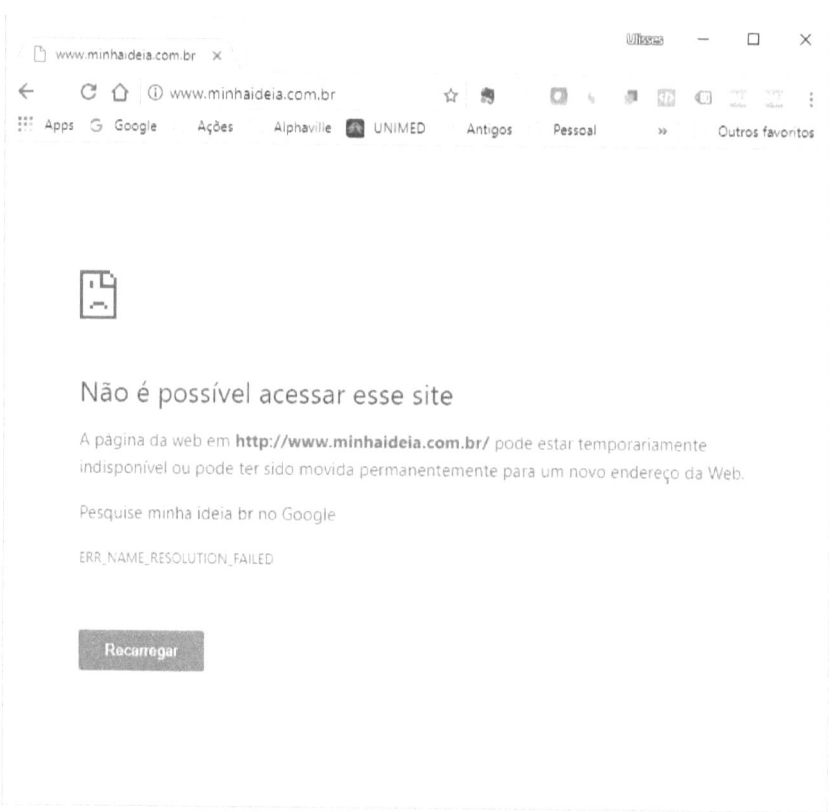

Nesse caso, você terá que ir um passo adiante para verificar isso. Eu aconselho sempre usar https://registro.br para verificar os domínios .COM.BR e o https://br.godaddy.com/ para verificar os domínios .COM (embora o GoDaddy também possa fazer pesquisa e registro dos .COM.BR, eu ainda aconselho ter seus registros .COM.BR pela organização oficial no Brasil).

Se você não conhece muito sobre o assunto, não pesquise fora desses dois endereços. Existem alguns websites que tornam públicas as pesquisas efetuadas, fazendo com que o endereço que você pesquisou seja registrado por outra pessoa. Isso é a pior coisa que pode acontecer se você teve uma ideia sensacional para o nome do seu empreendimento.

Alguns websites também, depois de algumas pesquisas suas, coloca que aquele domínio está agora reservado, mas que eles podem ainda vender para você por um preço bem mais alto. Não caia nesse conto. Usando o Registro.br e o GoDaddy você estará seguro.

5.4 Domínios .COM.BR

O website oficial e portanto seguro para pesquisar seus domínios .COM.BR é http://registro.br. A pesquisa é simples, acesse o site, digite o nome do domínio que deseja e ele vai dizer se está livre ou não.

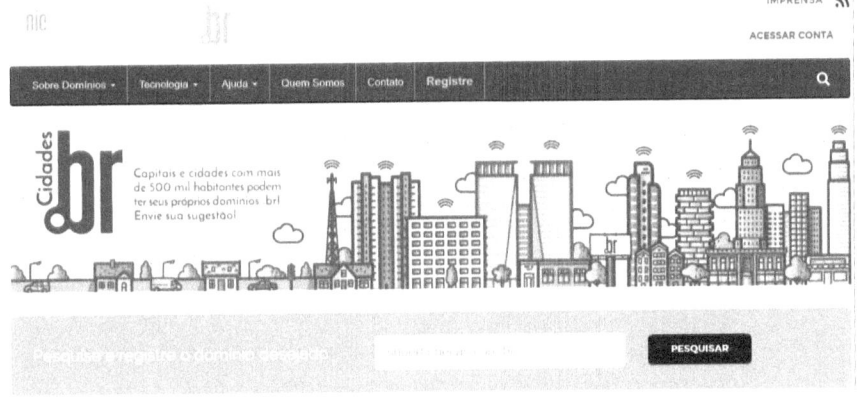

Após digitar em pesquisar, ele vai lhe retornar o resultado, se disponível ou não. No exemplo aqui, estou verificando se o domínio "superbonecas.com.br" está livre.

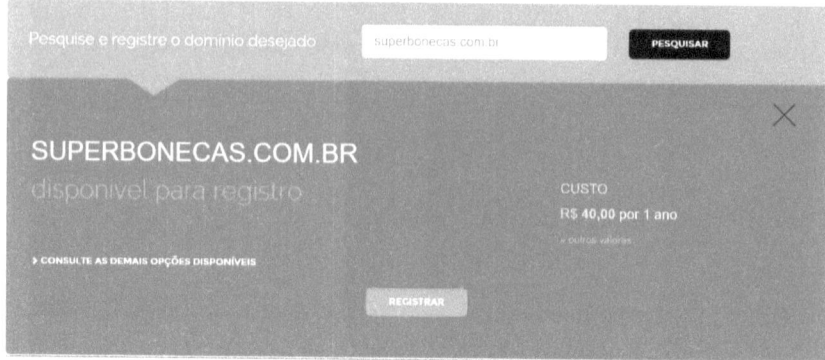

Para registrar o domínio, basta criar uma conta gratuita e confirmar que deseja o domínio. Como dissemos anteriormente, o ideal é você ter o domínio .COM.BR e .COM. Portanto, antes de registrar o domínio .COM.BR sempre verifique se o domínio .COM está liberado também (veremos o processo do .COM na próxima sessão).

Alguns pontos importantes antes de você registrar um domínio .COM.BR:

1) No Brasil não tem como ter domínios anônimos, ou seja, que não se sabe o dono. Então, se você é funcionário público e tem receio que alguém descubra que você gerencia uma loja, talvez seja mais sensato registrar no CPF de outra pessoa (esposa, marido, etc);

2) O processo de registro é todo online e extremamente prático. Já a transferência de um domínio não é online e nem prática: exige que você envie um documento com assinatura e cópia de identidade para que ele seja feito. Pense muito bem quem será o dono do domínio antes de registrá-lo;

3) Mesmo depois de transferido um domínio, o histórico fica disponível para o público. Então, sempre haverá o rastro de quem registrou aquele domínio mesmo se você faça a transferência.

5.5 Domínios .COM

No .COM.BR não há controvérsia – registro.br é onde deve ser feita a pesquisa e o registro.

Já para o .COM não há uma unanimidade geral. Onde eu gosto muito de trabalhar com domínios .COM é na GoDaddy (https://br.godaddy.com/). Além de não ter histórico de roubo de domínios, acho um excelente site para gerenciar tudo.

A pesquisa do domínio encontra-se na caixa de texto acima:

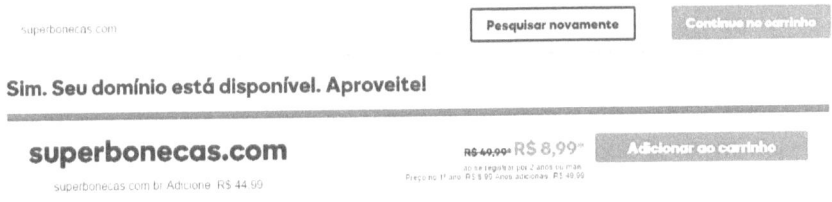

E olha só, "superbonecas" está livre no .COM também!

Se esse fosse o seu domínio, estaria na hora de comprar o domínio .COM.BR e o .COM. Quando escolhermos a plataforma, vou lhe ensinar a ligar o domínio com a sua loja.

Observação: eu não registro meus domínios no .COM.BR no GoDaddy porque prefiro trabalhar com o website oficial do .COM.BR, mas também pode ser feito na GoDaddy. Inclusive, geralmente a GoDaddy tem uma promoção e quem registra o domínio por dois anos tem um desconto bem bom, tornando-o mais barato que o website oficial (onde a própria GoDaddy vai ter que adquirir o website).

5.6 Uma breve visão do mercado de domínios

Se você quer muito, mas muito mesmo um domínio que já está registrado, uma das melhores formas de tentar comprá-lo (se ele estiver à venda) é o SEDO, o maior site de venda de domínios do mundo (https://sedo.com). Uma boa parte dos domínios que estão à venda estão no SEDO, pois é o maior site do gênero.

Mas tenha cuidado. Existem domínios por até 50 mil dólares. O domínio tem uma importância grande para o seu negócio mas a não ser que você encontre o nome estratégico que queria por muitos anos, eu não aconselho qualquer compra de domínio por mais de mil reais.

Outra dica importante aqui é que o preço que aparece para o domínio é um preço de tabela. As negociações geralmente fecham com um preço abaixo da metade daquele valor que aparece ali. Então, se realmente você se apaixonar por um domínio já registrado, vá no SEDO e prepare-se para negociar.

CAPÍTULO 6: ENTENDENDO PLATAFORMAS PRONTAS

Nesse capítulo vamos começar a entender as plataformas prontas. Vamos cobrir basicamente dois tipos de plataformas prontas:

1) Plataformas de E-Commerce, que auxiliam você na criação da loja virtual. Elas permitem que qualquer pessoa hoje, mesmo sem conhecimento técnico, consiga abrir uma criar uma loja virtual.

2) Plataformas de Pagamento ou Gateways de Pagamento, que permitem que você receba pagamentos em seu e-commerce de forma seguro e sem ter que realizar contratos com diversas bandeiras e bancos.

Vamos começar pelos Gateways de Pagamento.

6.1 Gateways de Pagamento

Plataformas de pagamento, ou gateways de pagamento, nada mais são que "pontes" para que você não tenha que fazer um contrato com a Mastercard, outro contrato com a VISA, outro contrato com a Amex, outro contrato com o banco X para aceitar boletos daquele banco e assim por diante.

De forma simplificado, um gateway de pagamento pode ser entendido como abaixo:

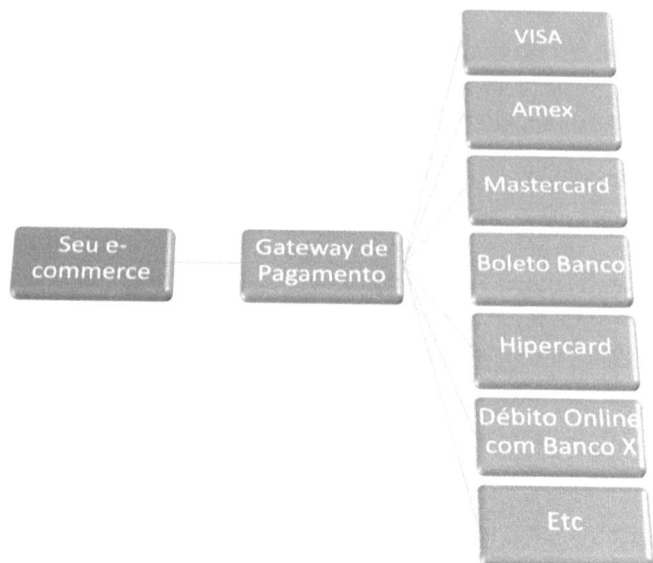

Ou seja, na hora do pagamento, seu e-commerce chama o gateway de pagamentos para lidar com esse processo e não ter que guardar nenhum dado de cartão de crédito ou outra informação sensível. Em termos práticos, você aceita o pagamento sem nem ter acesso ao número do cartão de crédito da pessoa que comprou. Isso para você é ótimo, pois diminui bastante sua exposição ao risco.

De uma forma mais detalhada, o fluxo ocorre como abaixo:

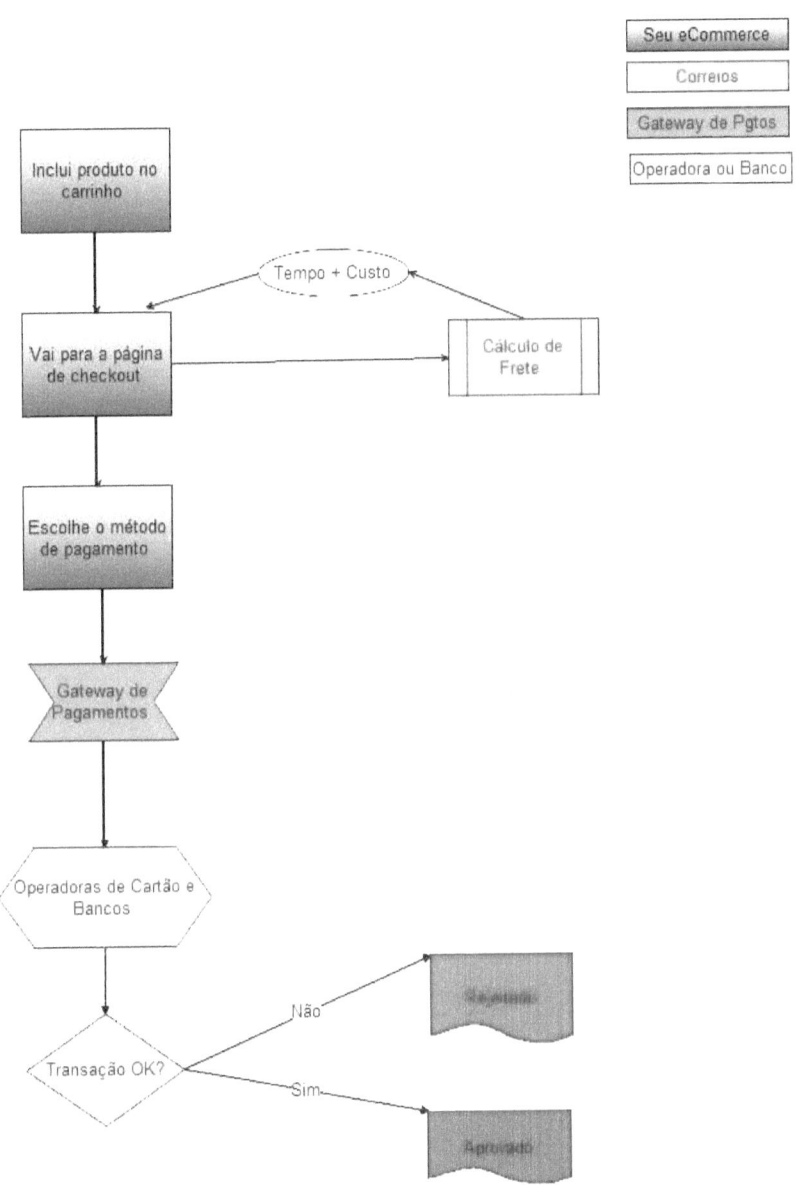

Em marrom estão os processos que ocorrem em sua loja; em laranja os que ocorrem no gateway de pagamentos; em azul os que ocorrem no site dos correios (serviço de cálculo de frete) e em amarelo os que ocorrem nas operadoras de cartão de crédito e nos bancos.

No primeiro passo, o cliente adiciona o produto escolhido no carrinho. Logo em seguida ele vai para a página de checkout. Nesse passo, a plataforma de e-commerce (que veremos em seguida) vai chamar um serviço dos correios que fará o cálculo de custo e de tempo de entrega e exibirá automaticamente em seu e-commerce. Seu cliente então seleciona o método de pagamento (boleto, cartão, débito em conta, etc) e, após clicar em Finalizar Compra, começa o processamento do pagamento, que ocorre já sempre no gateway de pagamentos. É o gateway de pagamentos que vai se comunicar com as operadoras que irão aprovar ou reprovar a transação.

Talvez você esteja se perguntando por que não fazer isso diretamente e pular essa integração. Em primeiro lugar, fazer diretamente é um processo longo e exige diversas certificações e regras de segurança que iriam tornar o processo para abrir o seu e-commerce um caminho longo e dispendioso – tanto em recursos pessoais, como envolvimento, como de custo. E isso sem falar em custos de manutenção. De tempos em tempos, nossos políticos maravilhosos criam regras bem úteis (ok, admito que estou sendo irônico) como exigir que a frase "você está comprando no Brasil" seja obrigatório para todas as vendas efetuadas online. Esse é um fato real que ocorreu em 2017. Fiquei me perguntando de onde teria vindo isso, já que nunca vi isso em ligar algum. Nunca achei uma resposta...Embora essa tenha sido uma mudança simples, já fomos impactados por diversas outras mudanças que não foram tão simples de implementar. E manutenção exige equipe de prontidão. Não só isso. A VISA pode inserir um novo campo e você precisará começar a tratar aquele campo depois de alguns meses ou pode ser descredenciado.

Em resumo, ir para esse caminho é um pesadelo e a não ser que você queira prestar serviço como um gateway de pagamento, não há sentido algum de integrar com cada um desses parceiros de pagamento se você pode fazer um contrato único com o gateway de pagamentos e ter acesso a grande maioria dos pagamentos.

É claro que isso tem um preço sim. Geralmente, gateways de pagamentos lucram de duas formas: com um percentual do valor total da transação e com uma taxa fica por transação. Os valores variam muito, não só de gateway para outro - um mesmo gateway pode ter mais de uma taxa dependendo do tamanho do contrato. Por isso que quando cobrirmos a escolha da plataforma de e-commerce, você deve levar também isso em consideração, pois algumas plataformas de e-commerce conseguem taxas muito mais atraentes do que as praticadas para o público geral para todos os seus clientes.

Para ter uma referência de valor, o PagSeguro – um dos maiores gateways de pagamento do Brasil, que faz parte da UOL – cobra para o público geral (no momento em que foi escrito esse livro) uma taxa de 3,99% sobre o valor da venda mais R$0,40 por transação. Isso se você optar por receber o valor da venda 30 dias depois que ela for efetuada (existe a opção de receber 15 dias depois da transação pagando-se uma taxa mais elevada). É claro que a taxa de parcelamento das bandeiras de cartão é acrescida a esse valor. Estamos falando de uma compra efetuada à vista. Ou seja, se uma compra de R$ 100,00 for efetuada hoje em seu e-commerce e você estiver sob o contrato guarda-chuva com as taxas acima, você terá uma taxa de R$3,99 (3,99% de R$100,00) + R$0,40. Isso significa que daqui a 30 dias você terá R$95,61 (R$100,00 – R$3,99 – R$0,40) de crédito em sua conta que poderá ser sacado.

Existem outros gateways de pagamento com taxas mais baratas. Mas tudo tem um certo preço. E para demonstrar o que quero falar, vou inserir um novo item no gráfico do gateway de pagamentos que precisa ser destacado: a Análise de Risco.

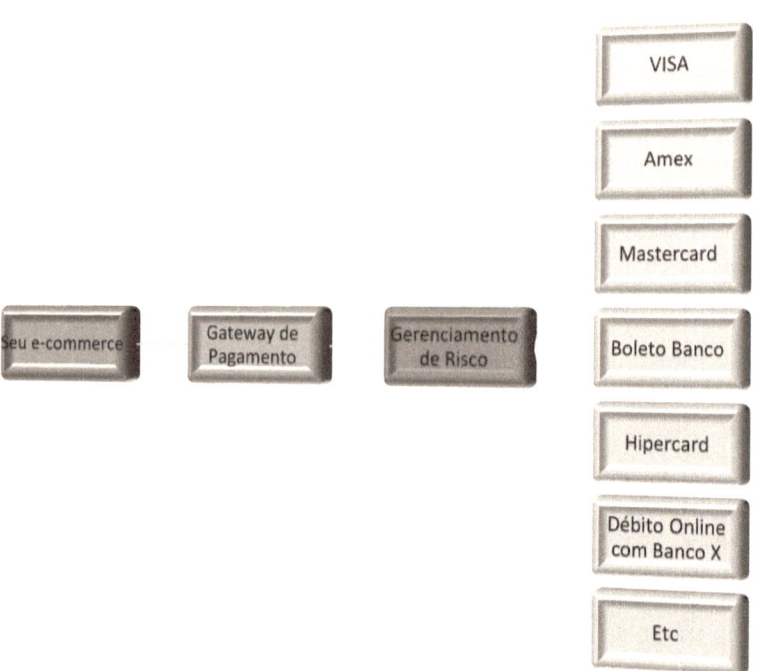

De uma forma um pouco mais detalhada, o pagamento ocorre da seguinte forma:

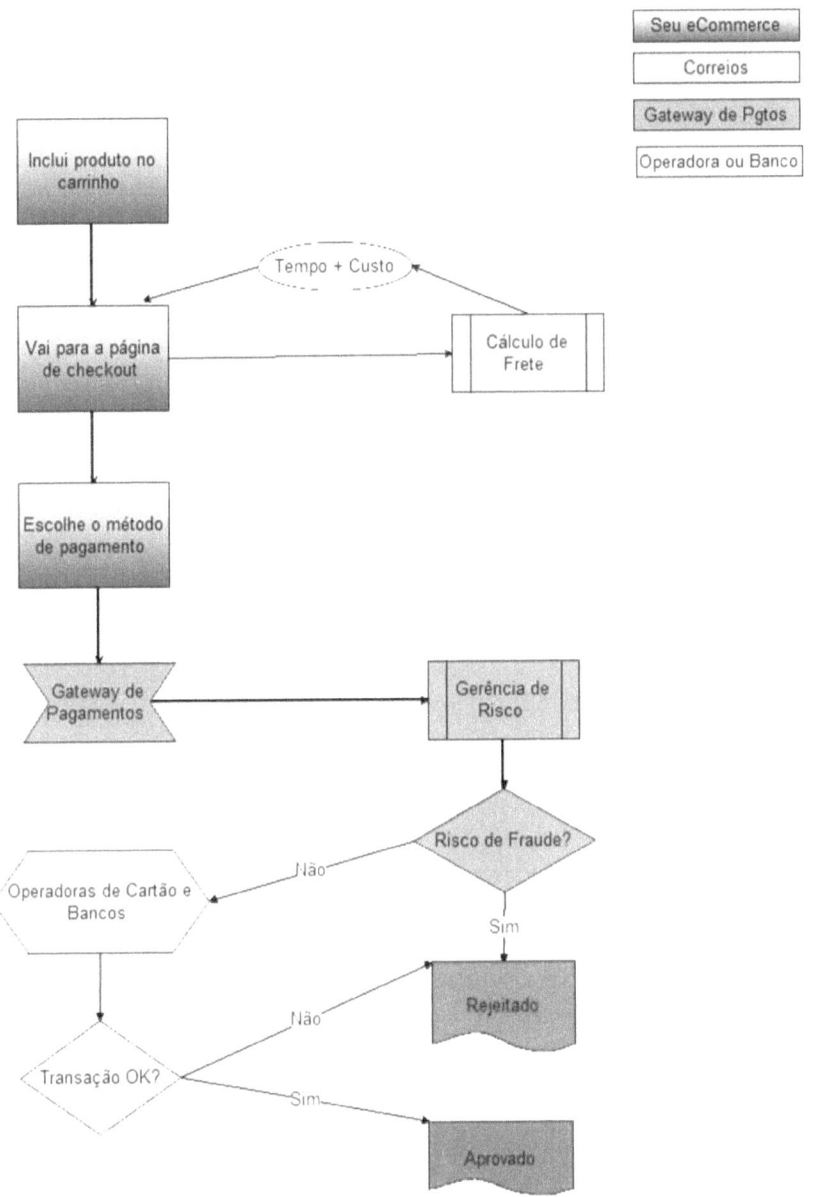

Seu eCommerce
Correios
Gateway de Pgtos
Operadora ou Banco

Inclui produto no carrinho

Tempo + Custo

Vai para a página de checkout

Cálculo de Frete

Escolhe o método de pagamento

Gateway de Pagamentos

Gerência de Risco

Risco de Fraude?

Operadoras de Cartão e Bancos

Não

Sim

Rejeitado

Transação OK?

Não

Sim

Aprovado

Como você pode ver, diferente do primeiro gráfico, agora a transação só irá para a operadora de cartão de crédito se for aprovada internamente no sistema de gerenciamento de riscos do gateway de pagamentos. Sendo aprovada nessa etapa, a transação ainda pode ser reprovada pela operadora de cartão de crédito por qualquer outro motivo.

O gerenciamento de risco aqui é um fator muito importante para quem está começando.

Antes de explicar o que é análise de risco e o que ela cobre, que merece uma sessão particular, deixe-me contar a seguinte história:

João está em casa e tem o cartão de crédito VISA. Está com ele, em sua carteira. Mal sabe ele que acabou de ser fraudado. Hoje em dia, pode-se fazer isso de diversas formas sem nem ter contato com o cartão do João. Marcelo, do outro lado do país, vai no e-commerce A e compra com o cartão clonado de Joao, pedido para enviar o produto para o endereço de outro fraudador – o Marcos. Marcos é sócio de Marcelo e ambos dividem o lucro de seus golpes igualitariamente. Bom, o e-commerce A, após ter o pagamento aprovado pelo seu Gateway de Pagamentos, envia logo o produto. Quando o produto chega no endereço final, Marcos passa no endereço solicitado e pega o pacote. Quando a fatura do cartão de crédito chega para João, ele tem uma surpresa – pois nunca comprou aquele produto do e-commerce A. Pior ainda, nem utilizou o cartão de crédito em outras lojas. Furioso, João liga para seu banco emissor e contesta aquela compra, dizendo que ele não reconhece porque não a efetuou e nem conhece o e-commerce A. O cartão de crédito de João é automaticamente cancelado por motivos de segurança e uma rápida investigação começa. Talvez eles peçam para o e-commerce A uma prova que o artigo foi realmente entregue (recibo dos correios). Talvez nem peçam isso se descobrirem antes por outros meios que foi realmente uma fraude. No caso de nossa história, o banco confirma que foi um cartão clonado e devolve o dinheiro para o João. O e-commerce A recebe uma notícia ruim – a compra número 123 foi fruto de fraude e terá *chargeback* – ou seja, o dinheiro será retirado dos créditos do e-commerce A. Se não recebeu ainda, nunca o receberá. Se já recebeu, terá descontado nos próximos créditos. O e-commerce A teve um prejuízo duplo: entregou o produto e nunca vai receber o pagamento, mesmo sem ter culpa algum no processo.

História triste para o e-commerce A né? Isso pode acontecer sim. Embora você não deva se assustar a ponto de impedir que você abra sua loja virtual, pois isso é algo que vai raramente ocorrer – você deve sim se precaver de situações como essa.

E para um e-commerce a melhor forma de se precaver disso é contratar um Gateway de Pagamentos com uma excelente análise de risco e fraude.

6.1.1 Importância e Consequência do Gerenciamento de Risco

Bom, pela historinha acima você já deve ter percebido a importância do gerenciamento de risco para quem está abrindo um e-commerce. Mas o que é em si o gerenciamento de risco?

Basicamente, é uma análise da transação aliada ao histórico de compras do cartão de crédito e aliada com os dados fornecidos na hora da compra (endereço de entrega, nome do comprador, etc). Esse conjunto de dados vai gerar uma nota de risco para a transação. Se a nota for baixa, o risco é considerado aceitável e o pagamento segue adiante. Se a nota for muito alta, a transação é interrompida e nem segue para as operadoras de cartão de crédito.

Por exemplo, se o cartão é de João e a compra é de Joana, o risco da transação será maior. Se Joana já apareceu nas compras anteriores usando o cartão de João, o risco diminui, mas mesmo assim ainda é maior do que uma compra de João efetuada por João. Dados de endereço, número de vezes que aquele cartão teve tentativas de compra negadas e outros fatores adicionam uma inteligência muito boa para essa análise.

A consequência disso são duas coisas que você tem que ter em mente:

1. Utilizando um gateway com uma boa gerência de risco deixará você será muito menos exposto ao risco de uma compra fraudulenta, mas ainda existe o risco de fraude e de *chargeback*.
2. Você terá compras totalmente idôneas e reais que serão negadas. E você vai saber disso porque a pessoa liga para você, irritada com sua loja porque teve o pagamento negado. E ela vai dizer que já tentou cinco vezes e as cinco vezes foram negadas. Você não terá muito o que fazer – mesmo se você ligar para o gateway de pagamentos, eles dirão

que a transação foi rejeitada por questões de segurança e que somente podem lhe dizer isso e que se o seu cliente está desconfortável ele pode ligar para diretamente para o gateway de pagamento para tentar reverter o processo.

Embora o ponto (2) acima irrite muito (principalmente quando a compra é alta), eu ainda prefiro perder algumas compras e estar menos exposto ao risco. O que menos você quer no início é enviar 3 mil reais em produtos e nunca receber o dinheiro.

6.1.2 Uma Alternativa Quando o Pagamento é Rejeitado

Tenho o compromisso aqui de lhe dar todas as dicas e truques para que você se torne ninja no e-commerce e essa dica a seguir é usada por pessoas bastante experientes no ramo. Mas muito cuidado, só utilize se você realmente tem certeza (ou então quer assumir o risco) que a pessoa que está comprando e teve o pagamento rejeitado pelo seu gateway de pagamentos é uma pessoa idônea e o cartão é realmente dela. Ah, se a compra for muito maior que seu ticket-médio, embora a tentação seja grande para recuperar a venda, pense dez vezes antes de seguir esse caminho.

O método que vou explicar é simples e eu o utilizo de tempos em tempos. Como gateways de pagamento geralmente não cobram taxas mensais, mas sim por cada compra efetuada, o método consiste em estar validado e pronto para vender em ao menos dois gateways de pagamento – não somente um. Você expõe um só em sua loja virtual para não gerar confusão (o principal), mas se aquela compra do cliente X foi rejeitada cinco vezes e você acredita que é uma compra idônea, você pode enviar o cliente para uma página onde ele pode pagar através do outro gateway de pagamentos.

6.1.3 Integração com a Plataforma de E-Commerce

Vamos ver mais tarde as plataformas de e-commerce – seus tipos e suas características. Mas é importante você saber agora que você terá que integrar o gateway de pagamentos com sua loja online. Em outras palavras, a partir do momento que o cliente decide finalizar a compra, ele terá que ser levado a uma tela para pagar e, caso o pagamento seja aprovado, você então pode enviar ao cliente os produtos comprados. Caso contrário, você deve mostrar uma mensagem para ele que a compra não foi aprovada.

Existem basicamente dois tipos de integração:

1) **Integração Simples**: quando o cliente decide pagar, ele sai da página da sua loja virtual e entra em uma página do gateway de pagamentos, onde informa seus dados e dados do cartão ou boleto. Assim que o pagamento é aprovado ou reprovado, ele é enviado de volta à página do seu e-commerce. Anteriormente mostramos o gráfico exemplificando como funciona o pagamento com e sem o gerenciamento de riscos. O exemplo foi dado com a integração transparente do checkout. Se fosse utilizada a integração simples, o processo ficaria da forma abaixo. Note que agora a página de checkout e de escolha do método de pagamento estão em laranja, ou seja, eles ocorrem fora do seu e-commerce, um uma página do próprio gateway de pagamentos.

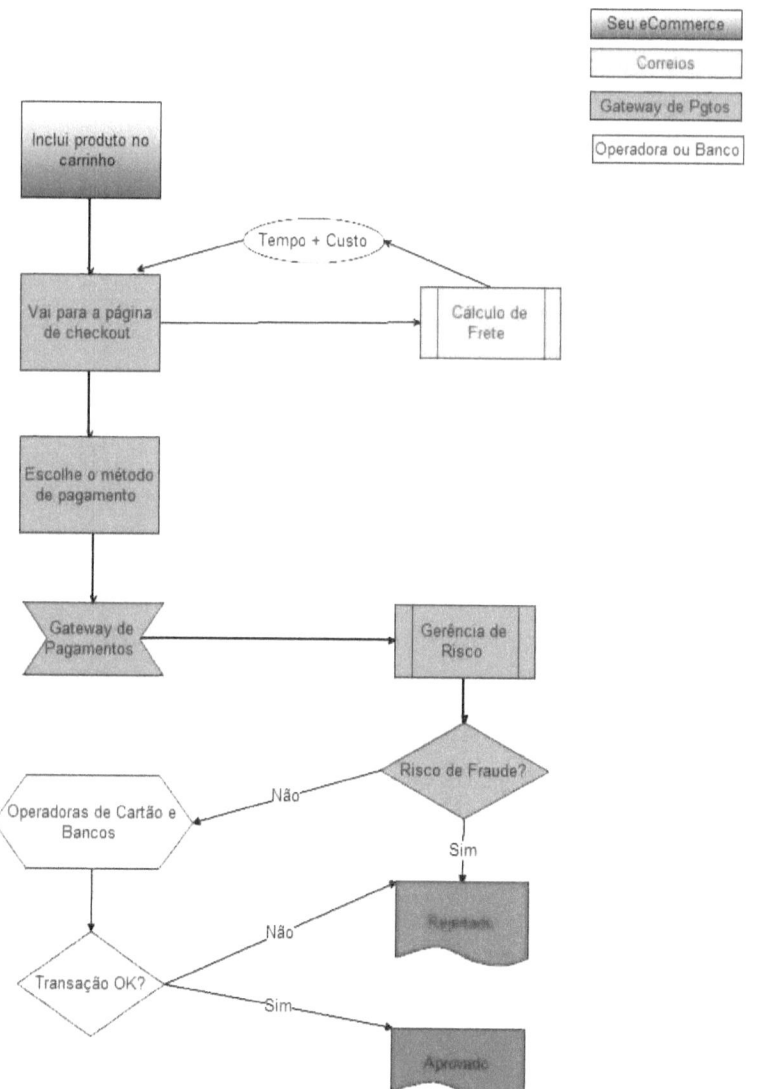

2) **Checkout Transparente**: nesse tipo de integração, quando o cliente decide pagar ele vai para uma tela dentro da sua loja virtual onde ele informa seus dados e as informações relativas a cartão de crédito ou

boleto. Nessa página é obrigatório que o cadeado esteja fechado (ou seja, a página tem que ser segura e utilizar https e não http). Por baixo dos panos sua loja online "conversa" com o gateway de pagamentos, tudo de forma codificada e transparente, sem seu cliente nunca perceber que ele saiu da sua página. Após o gateway de pagamentos retornar se o pagamento foi ou não aprovado seu e-commerce irá mostrar o resultado na tela da sua loja. Seu cliente nunca vai sair do endereço do seu e-commerce.

A experiência do checkout transparente é sem dúvida muito melhor. A integração simples, além de assustar clientes, pois no momento mais tenso da transação (o pagamento), ele é enviado a um site que talvez nunca tenha entrado antes, diminui a autoridade da loja, pois passa uma imagem de loja pequena, não tão bem estruturada.

E a segurança de ambos é a mesma. Não existe uma exposição maior ao risco no checkout transparente – somente a operação é melhor orquestrada entre a plataforma de e-commerce e o gateway de pagamentos.

Como a confiança em uma loja que está iniciando já tende a ser pequena até que você consiga um nome forte no mercado, tente sempre que possível usar o checkout transparente – isso vai aumentar sua taxa de conversão e diminuir o número de carrinhos abandonados.

6.1.4 Qual Gateway de Pagamentos Devo Escolher?

Abaixo coloco uma lista que você deve levar em conta, em ordem de prioridade. É claro que a lista é um pouco pessoal. Você talvez não concorde com a minha ordem 100%, e tudo bem com isso, desde que você saiba as consequências de não usar a mesma ordem.

1. **Gerenciamento de Risco**: como já havia dito, entendo que no início do negócio, quanto menor a exposição ao risco, melhor. Não é hora de

levar um golpe. Por isso para mim o gerenciamento de risco está na primeira posição;

2. **Checkout Transparente:** devido aos benefícios já mencionados, a integração transparente com o seu e-commerce é o segundo fator em relevância na hora de escolher com qual gateway de pagamentos você vai trabalhar

3. **Formas de Pagamento**: seu gateway aceita somente VISA e Mastercard ou aceita também Elo, boleto e débito online com o Banco do Brasil? Quanto maior o leque de opções disponibilizados pelo gateway de pagamentos, melhor para você.

4. **Taxas Praticadas**: esse é óbvio – você quer ter a maior parte do lucro da sua venda para você e não deixar para intermediários no meio do caminho. Coloquei ele em 4º lugar aqui porque acredito que realmente a segurança e uma alta conversão (que é influenciada pelo tipo de integração e as formas de pagamento) são mais importantes para quem está iniciando do que as taxas em si. As taxas tendem a ter uma importância maior quando você já tem um nome estabelecido e já está vendendo todos os dias. Aí talvez esse ponto suba para a 3ª posição. Um ponto importante: muitas vezes as taxas praticadas para o público geral serão maiores que as praticadas com a plataforma de e-commerce escolhida, devido às parcerias que os gateways de pagamento fazem com algumas plataformas de e-commerce. Portanto, fique atento na hora de comparar e veja as taxas praticadas dos gateways de pagamento quando ligadas especificamente com a plataforma de e-commerce escolhida.

5. **Suporte**: você quase nunca vai precisar de suporte do gateway de pagamentos a não ser na hora do cadastramento e quando ocorrer algum *chargeback*. Mesmo assim, é sempre importante ter alguém com quem falar no outro lado quando necessário.

6.1.5 Exemplos de Gateways de Pagamento

Cada dia que passa, temos mais opções de gateways de pagamento – o que pode tornar mais difícil a escolha. Mas uma coisa deve ser dita de início – a Inteligência da gerência de riscos será tão grande quanto à quantidade de dados que o gateway de pagamentos tem acesso. Portanto, tente sempre pegar gateways de pagamento que estejam no mercado há ao menos dois anos, que tenham um volume de transações grande e que possuam credibilidade no mercado.

Mesmo com tantas opções, a integração com a sua plataforma de e-commerce vai limitar bastante sua lista, por isso, se você ainda não escolheu sua plataforma de e-commerce, talvez queira visitar essa lista mais tarde.

- **PagSeguro (https://pagseguro.uol.com.br/)**: gateway de pagamentos da UOL. Um dos maiores do Brasil. Tem uma gerência de risco tão forte que muitas pessoas ficam insatisfeitas com o número de compras que perdem porque a transação é rejeitada.
- **MOIP (https://moip.com.br/)**: bastante conhecida por ter integração de checkout transparente com diversas plataformas de pagamento. Está no mercado desde 2008.
- **Adyen (https://www.adyen.com/pt_BR/)**: usada por grandes e-commerce, como Dafiti, Magazine Luiza e Saraiva. Aceita cartões de crédito internacionais.
- **MundiPagg (https://www.mundipagg.com/)**: possui uma alta conversão dos pagamentos (dados do website apontam como ter 85% de conversão). Também é utilizada por grandes e-commerces.
- **PayU (https://sitev.bcash.com.br/sobre-a-payu/)**: antigo bCash, uma plataforma bem conhecida no meio.

Esses são apenas alguns exemplos, temos diversos outros. Mas tentamos listar alguns dos mais conhecidos.

6.2 Plataformas de E-Commerce

Agora que você já sabe como vai aceitar os pagamentos em sua loja virtual, vamos cobrir uma ferramenta que vai lhe ajudar muito a montar a sua loja virtual – as plataformas de e-commerce.

6.2.1 O que são Plataformas de E-Commerce?

Plataformas de e-commerce gerenciam o seu e-commerce. Elas são responsáveis por permitir que o cliente consiga escolher um produto, colocar um produto no carrinho, pagar (via gateway de pagamentos) e então acompanhar o andamento do produto. Por isso mesmo as plataformas de e-commerce devem possuir módulos de cadastro de produto, definição de preço e promoções, integração de logística para cálculo de frete, integração com gateway de pagamentos, um layout que permita alterar banners e outros elementos da loja virtual que mudam frequentemente pois fazem parte do dia-a-dia do marketing.

6.2.2 Tipos de Plataformas de E-Commerce

Existem três tipos de plataformas de e-commerce, mostrados na figura abaixo:

Cada tipo de plataforma tem suas vantagens e desvantagens. Mais adiante nesse capítulo vamos explicar cada um dos tipos. Para que você entenda bem as diferenças entre os tipos de plataformas de e-commerce, vou comparar cada em relação aos itens abaixo:

1. **Envolvimento Pessoal Necessário**. Indica quanto você ou alguém da sua empresa vai ter que se envolver na definição, análise e testes da plataforma;
2. **Capacidade de Customização**. Indica o quanto você consegue criar ou modificar a definição original para que inclua um item que você deseja e que não está presente;
3. **Gerência de Servidores**. Indica se você vai precisar contratar servidores e gerenciá-los, para ver se estão com a capacidade correta inclusive para os picos de visitas típicos de datas especiais, como o Black Friday (onde todas as vendas são direcionadas para um único dia, diferente do Natal que embora haja muitas vendas, elas são distribuídas durante vários dias);
4. **Necessidade de Equipe de Manutenção**. Indica a necessidade ou não de manter uma equipe do seu lado ou terceirizada focada na manutenção tanto da plataforma como dos servidores;
5. **Facilidade de Integração com Outros Sistemas e Plataformas**. Indica o quão difícil (ou fácil) é integrar com outros sistemas que são necessários para o funcionamento do seu e-commerce, como o sistema dos correios, gateway de pagamentos, etc.

Vamos cobrir agora uma a uma.

6.2.3 Plataformas Build-Up

Plataformas Build-Up nada mais são do que plataformas desenvolvidas do zero. Nesse tipo de plataforma, você contrata uma equipe para que desenvolva exatamente o que você deseja.

Poucas pessoas precisam de uma plataforma build-up. Poucas pessoas mesmo. Esse tipo de plataforma é para quem quer já nascer grande e com muitas inovações na forma de buscar e finalizar o pedido que não estão disponíveis hoje, pois as plataformas complementares são bastante customizáveis também e pode escalar[2] facilmente. Devido plataformas complementares grandes, como a Magento, estimo que as plataformas build-up estejam com seus dias contados.

Se você está iniciando seu e-commerce e não tem muito dinheiro para investir, certamente esse **não** é o tipo de plataforma que você quer.

1. **Envolvimento Pessoal Necessário**: alto;
2. **Capacidade de Customização**: total (você pode fazer o que você quiser, pois está construindo ela);
3. **Gerência de Servidores**: sim, extremamente necessário;
4. **Necessidade de Equipe de Manutenção**: sim, muito necessário. Aqui, exige-se até uma equipe 24x7, ou seja, que esteja disponível quando for necessário independente se é domingo de madrugada;
5. **Facilidade de Integração com Outros Sistemas e Plataformas**: todas integrações serão manuais, ou seja, você vai ter que pedir para programar a integração.

Abaixo, segue a representação gráfica dessas características:

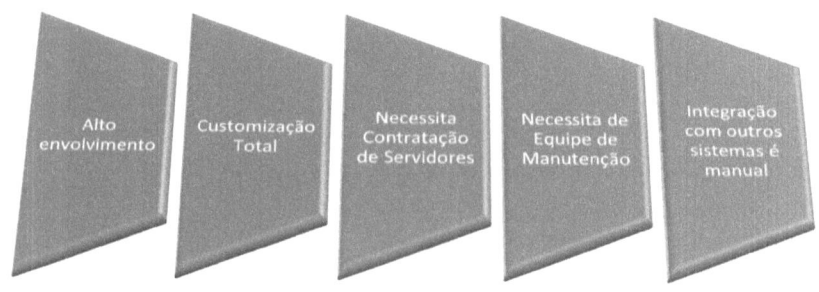

---

[2] Escalar aqui significa a capacidade de aguentar um número de visitas e dados muito maior aumentando a capacidade do servidor onde está (mais memória e mais CPU) ou aumentando o número de servidores.

6.2.4 Plataformas Complementares

São plataformas que estão no meio-termo entre as plataformas prontas e as plataformas build-up. Embora você não necessite desenvolver as coisas do zero como nas plataformas build-up, você não terá as coisas de "mão beijada" como nas plataformas prontas, ou seja, precisará entender e configurar diversas coisas. Isso pode ser feito por você mesmo, se você possuir um conhecimento técnico avançado ou terá que ter uma pequena equipe para fazer para você.

A grande vantagem dela em relação às plataformas prontas é que você consegue configurar muita coisa – praticamente tudo, desde que não seja algo mirabolante (e para isso que existem as plataformas build-up). E também possui uma vantagem muito grande em relação às plataformas build-up: muitas integrações estão prontas através de *plug-ins* que podem ser encontrados na Internet.

Para quem já espera sair vendendo muito e quer montar a loja virtual da sua maneira, talvez essa seja o tipo de plataforma. Mas lembre-se que tudo tem um custo. E o custo de uma plataforma complementar é a necessidade de:

1. Contratar e gerenciar servidores
2. Conhecer bastante tecnologia ou ter uma pequena equipe de suporte
3. Ter custos financeiros mensais relativamente mais elevados se comparado com plataformas prontas

Vamos ao quadro:

1. **Envolvimento Pessoal Necessário**: Médio;
2. **Capacidade de Customização**: Alta (principalmente a Magento);
3. **Gerência de Servidores**: Necessário tanto a contratação com o a gerência, principalmente na preparação para grandes eventos. É mais comum do que você imagina lojas ficarem offline devido ao tráfego de uma grande promoção ou Black-Friday. E convenhamos –a última coisa que você quer é não conseguir vender no momento que você tem mais chance de vender.

4.   **Necessidade de Equipe de Manutenção**: Ou você entende bastante da área técnica ou não terá escapatória - terá que ter uma pequena equipe de manutenção.

5.   **Facilidade de Integração com Outros Sistemas e Plataformas**: depende muito da integração e da plataforma. Algumas plataformas complementares, como a Magento, terão integração com gateway de pagamento prontas através de plug-ins. Outras poderão ser manuais.

Embora em número menor e muito menos "comuns" que as plataformas prontas, existem diversas opções no mercado. Vou citar dois grandes fornecedores.

6.2.4.1 Magento

A **Magento** (https://magento.com/) é utilizada por grandes clientes como Burger King, Coca-Cola, Tom Dixon e outras e é considerada a maior plataforma de e-commerce do mundo.

Ela é tão flexível que algumas dessas companhias utilizaram a plataforma para suas operações B2B (Business-to-Business). A QSL é uma empresa de logística que fornece tudo o que as 1200 franquias da Burger King que estão no seu contrato precisam. Para conseguir organizar todo o processo, foi utilizado a plataforma Magento. O processo inteiro, entretanto, demorou seis meses para ser implementado.

Customizações prontas, como vender cartões-presentes (inclusive com opções impressas) totalmente customizáveis pelo cliente (valor, foto, dedicatória, etc) podem ser adquiridos como módulos opcionais, que podem custar mais de mil dólares.

A Magento é a plataforma para quem quer iniciar grande, com diversas opções de customização e uma grande variedade de plug-ins que podem tornar seu e-commerce uma loja totalmente diferenciada.

6.2.4.2 WooCommerce

A **WooCommerce** (https://woocommerce.com/) possibilita uma customização bem grande e roda em cima do Wordpress, a maior plataforma de blogs do mundo.

Segundo estatísticas da própria WooCommerce (que não consegui confirmar), ela estaria presente em 28% das lojas online do mundo.

A grande vantagem dela é que possui uma customização geralmente muito mais simples de implementar do que a Magento (ao menos para quem conhece a plataforma Wordpress) e por estar ligada ao Wordpress, tem uma infinidade de plug-ins relacionado com conteúdo. A desvantagem é que ela vai exigir muito cuidado com a velocidade e carga do seu site, que podem ser bastante prejudicados dependendo de quantos plug-ins forem instalados (atualmente uns dos calcanhares de Aquiles do Wordpress é a gerência da velocidade do website).

Possui integração com o PagSeguro através de um plug-in que custa 79 dólares.

6.2.5 Plataformas Prontas

Essa é a plataforma que a maioria das pessoas que estão iniciando seu e-commerce no Brasil escolhem. Além de possuírem custos baixos, permitem que você abra seu e-commerce em questão de dias. Na verdade, o custo pode ser zero. No momento que esse livro foi escrito, a Loja Integrada possui um plano (com limitação de produtos e visitas) que é totalmente gratuito.

Em plataformas prontas, o pacote de produtos e serviços inclui a gerência dos servidores: você não terá que se preocupar com eles.

Vamos ao quadro das plataformas prontas:

1. **Envolvimento Pessoal Necessário**: Baixo;
2. **Capacidade de Customização**: Baixa. Basicamente, você será capaz de customizar apenas os itens que são disponibilizados e nas opções disponibilizadas. O layout normalmente tem alguns modelos prontos que você pode escolher e configurar as cores e os banners. Algumas plataformas permitem customização mais profundas em planos mais profissionais, mas daí exigem que você entenda de Web Design ou contrate um;
3. **Gerência de Servidores**: não é necessária, pois é toda feita pela equipe da plataforma. Aqui é importante verificar o histórico da plataforma em datas como o Black Friday, que é a data que costuma dar mais problema, pois o tráfego é represado para um único dia;
4. **Necessidade de Equipe de Manutenção**: não é necessário. Você pode começar sua loja com uma pessoa só – você mesmo.
5. **Facilidade de Integração com Outros Sistemas e Plataformas**: as integrações são geralmente automáticas. Por exemplo, a integração com os correios exige apenas que você informe o CEP da sua central de estoque. A integração com os gateways de pagamento exige que você informe sua conta e alguns códigos fornecidos pelo gateway. O que é importante destacar aqui é que a integração, embora seja muito mais fácil e direta, será feita apenas com alguns poucos parceiros previamente escolhidos pela plataforma de e-commerce. Se você quiser integrar com um gateway de pagamentos que não está na lista das integrações da loja, há grandes chances de você não conseguir realizar essa integração. Em outras palavras, você abre mão da seleção de alguns fornecedores de serviço em troca da simplicidade de integração, uso e manutenção.

Abaixo, segue o resumo gráfico das plataformas prontas:

As plataformas prontas se proliferaram no Brasil quase como uma praga. Obviamente, no meio do modismo, surgem muitas plataformas instáveis e não confiáveis. Para você ter uma ideia, existem plataformas que ficaram indisponíveis várias vezes durante o Black Friday e mesmo em outras datas menos intensas. Não só isso, quando tiveram o problema, não conseguiram resolver, deixando todos os e-commerces ligados à plataforma indisponíveis no dia que mais venderiam no ano todo.

Por isso mesmo, embora seja a opção que sugiro para quem está iniciando com pouco dinheiro para investir inicialmente, é necessário um cuidado muito grande se você for escolher uma plataforma que não esteja relacionada abaixo. Embora não possa garantir nada, ao menos as plataformas abaixo aguentaram muito bem diversas datas festivas e quando tiveram problemas, resolveram da maneira mais rápida possível.

6.2.5.1 Nuvem Shop

A **Nuvem Shop** (http://bit.ly/PlataformaNuvemShop) é uma plataforma bastante conhecida e uma das minhas preferidas. Talvez pelo fato de ter iniciado com ela e conhecer bastante dos seus recursos e também saber do interesse e cuidado com a velocidade e escalabilidade da infraestrutura que utilizam.

Possui excelentes recursos como integração com correios, checkout transparente com o PagSeguro e a MOIP (aliás, possui uma taxa diferenciada com a PagSeguro), layouts responsivos (ou seja, que funcionam bem no celular), cupom de desconto (sem possibilidade de configurar o limite de uso por CPF, apenas o limite de uso geral), relatório de vendas, forma gratuita de relacionar produtos e loja no Facebook, entre outros.

Quanto aos servidores, sempre vejo uma preocupação bem grande, e conseguem passar bem em datas como o Black Friday.

Os planos começam de R$ 29,00/mensais, mas neste plano não possuem cupons de desconto e alguns outros recursos que ficam disponíveis somente no plano "Vender" que na data de escrita deste livro, estava R$ 49,00/mês.

6.2.5.2 Loja Integrada

A **Loja Integrada** (https://lojaintegrada.com.br/) é também de extrema confiança, com um cuidado bem grande em detalhes.

Ela possibilita que você comece gratuitamente, não pagando nada se você tiver até 50 produtos e 5 mil visitas por mês (166 visitadas por dia – algo que você deve ultrapassar logo se investir um pouquinho em marketing).

É uma excelente opção para quem quer começar com uma loja sem ter os custos fixos iniciais e só começar a pagar quando o investimento começar a dar retorno.

Ganhou da eBIT – uma respeitável empresa que analisa o e-commerce no Brasil - o prêmio de melhor plataforma de e-commerce para Pequenas e Médias Empresas.

6.3 A Escolha da Plataforma de E-Commerce

A escolha da plataforma é muito pessoal, mas existem algumas dicas que enumero abaixo que vão auxiliá-lo na hora da tomada de decisão:

1) Se você tem pouco dinheiro para investir, não tem equipe ainda e não é muito técnico, você provavelmente tem que ir para uma plataforma de e-commerce pronta.

2) Somente se você tem bastante dinheiro para investir e já quer começar realmente grande e muito personalizado, aí sim pense em plataformas complementares.

3) Plataformas build-up são exceção. Somente pense nelas se você não conseguir fazer o que deseja com as plataformas prontas ou complementares.

4) Se você não quer investir nada (ou seja, começar totalmente de graça), você vai ter que renunciar a algumas coisas, como por exemplo não ter checkout transparente em sua loja (ou seja, o cliente vai ser redirecionado ao gateway de pagamento na hora do fechamento da compra). A Loja Integrada – uma excelente plataforma de e-commerce - oferece um pacote 100% gratuito se você tiver até 50 produtos e até 5.000 visitas mensais.

5) Você consegue uma plataforma de e-commerce pronta com checkout transparente em torno de R$ 29 / mensais na Nuvem Shop. Então, só use planos 100% gratuitos se você quer testar e não tem certeza se vai ou não vai continuar com sua loja virtual.

Muita gente me pergunta se eu começasse hoje, qual plataforma eu usaria. E a resposta é Loja Integrada ou Nuvem Shop, tendendo hoje para a Loja Integrada devido a alguns recursos muito bons que implantaram nos últimos tempos.

Abaixo, eu coloco o framework (em forma de fluxograma) que eu aconselho usar na escolha de qual tipo de plataforma utilizar.

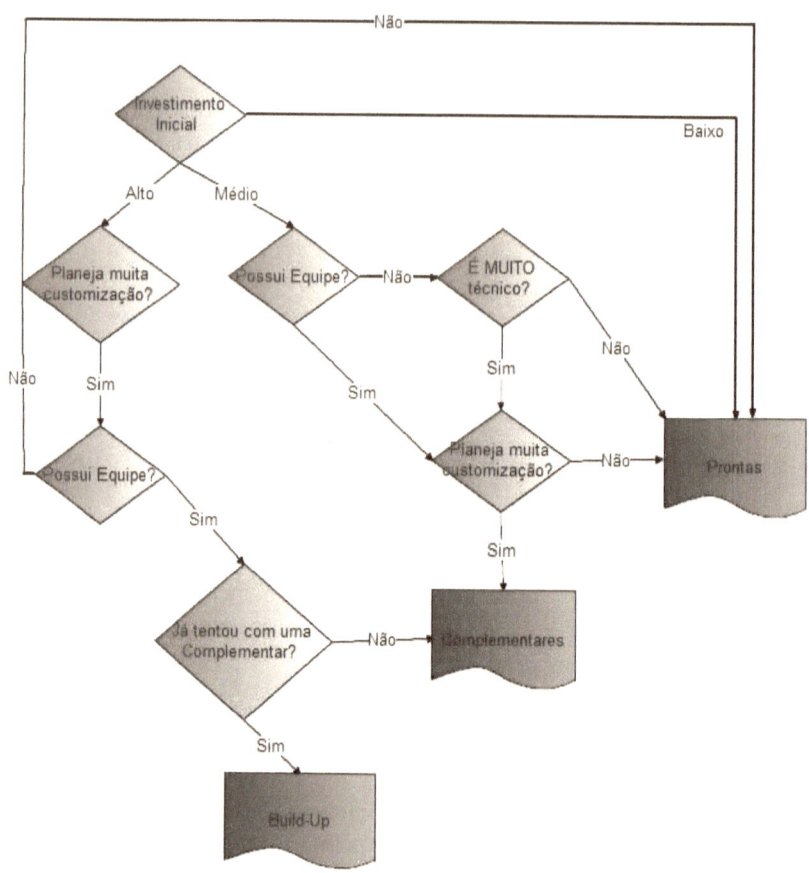

CAPÍTULO 7: A FOTO DOS PRODUTOS NO E-COMMERCE

Quando você entra em uma loja física, você consegue tocar no produto, ver a caixa, provar (se for uma roupa ou perfume) e até testar (se for algum eletrônico, por exemplo). Além disso, em uma loja física você tem o vendedor, que auxilia com dúvidas sobre o material, o tipo de uso e qualquer outra informação relevante.

Por isso mesmo as pessoas mais velhas têm uma dificuldade maior em migrar para o consumo virtual. O contato – tanto com a pessoa que vende como com o produto – e o acesso a informação sem a necessidade de ficar procurando em websites ou lendo manuais é uma comodidade que muitas pessoas não querem perder.

Entretanto, mais e mais pessoas estão migrando para as compras online por diversas razões. A primeira razão – e talvez o motivo porque o e-commerce não para de crescer - é a mesma razão que leva algumas pessoas a continuar comprando em lojas físicas: a comodidade. Mas aqui a comodidade é em termos de comprar sem sair de casa, sem ter que entrar no carro e enfrentar um trânsito pesado e, muitas vezes, sem ter que lidar com vendedores que muitas vezes dão informações não tão acertadas. Há diversas outras razões ainda dessa migração para as compras em lojas virtuais, sendo o preço um dos outros grandes fatores do sucesso do e-commerce.

Aliás, quando o fator é o preço – e somente o preço, muitas vezes vemos consumidores indo em lojas físicas para ver e testar/provar o produto e mais tarde, quando convencidos que é uma boa compra para eles, fazendo a compra online.

Mas quando a comodidade que leva as pessoas a comprarem online vence a comodidade buscada pelas pessoas que continuam comprando em lojas físicas?

Essa pergunta tem muitas respostas. Ela depende do nicho e, dentro do nicho, do produto sendo vendido. Mas é exatamente essa pergunta que você terá que responder para o seu nicho – detalhadamente.

7.1 Comodidade da Compra Online

Como falamos acima, a comodidade principal que um e-consumidor (consumidor em e-commerce) busca é conseguir tanto fazer a compra sem sair de casa como ter um excelente suporte em relação ao produto e a compra em si: muitas vezes ele quer algo até melhor do que o suporte que as lojas físicas oferecem.

Para que essa comodidade seja possível, o e-commerce precisa prover o e-consumidor com o máximo de informações possíveis para aquele produto. Afinal, como poderia o cliente escolher o produto se ele não sabe que aquele é o produto que precisa? Quando a dúvida aumenta muito, pode ter certeza que uma de duas coisas ocorrerá: ou ele irá para um outro e-commerce em busca desses detalhes que faltam para que ele se decida ou ele irá desistir da comodidade da compra devido à insegurança e irá finalizar a compra em uma loja física.

Então, sabendo-se que em uma loja virtual a única forma de "contato" com o produto é através da foto e da descrição, o seu trabalho nesses dois quesitos não deve ser apenas bom - deve ser impecável. E impecável aqui não tem uma fórmula única - pois depende do nicho, e já vamos cobrir como você pode ter uma boa ideia disso. Mas não se preocupe - temos um formato mínimo para você seguir para ter sucesso, ou seja, detalhes que você precisa colocar independente do nicho da sua loja.

7.2 Apresentação Mínima de um Produto

Qualquer produto em um e-commerce deve possuir três coisas para aumentar a conversão em sua loja:

1. Foto de qualidade
2. Descrição
3. Produtos Relacionados

Vamos a cada um desses itens em detalhes.

7.2.1 Foto de Qualidade

A única forma do cliente ter uma noção visual do produto em uma loja virtual é olhando as fotos do produto. Por isso, tente tirar o máximo possível de fotos em diversos ângulos do produto, tais como:

- Frente
- Costas
- Lados
- Dentro (se for uma bolsa, por exemplo)
- Da caixa (se vier em uma caixa)
- Dos itens dentro da caixa (se vier em uma caixa fechada e você tiver oportunidade de abrir uma das caixas para tirar as fotos)
- Alguém utilizando o produto (se possível)

Se você não fabrica o produto ou não tem exclusividade sobre ele, além de ter uma foto sua dele, uma opção é procurar fotos no site do fabricante e em outros e-commerce.

Um detalhe que passa muitas vezes desapercebido – ou é muito mal compreendido - é o tamanho da foto, em pixels. Foto de qualidade não significa que ela necessita ser grande. Como veremos em capítulos posteriores, quanto mais tempo o seu e-commerce demora para ser carregado, mais compras você perde. Uma pesquisa da Kiss Metrics relevou que a cada segundo que sua página demora mais para ser carregada significa uma redução de 7% nas conversões. Isso mesmo, suas vendas cairão a medida que o seu e-commerce demora para abrir – ou porque as pessoas abandonam antes mesmo da página ser lida e desenhada ou porque não tem paciência de esperar o produto carregar. Estamos em um mundo cada vez mais imediatista.

Um dos fatores que influencia muito a velocidade da sua página é o tamanho das fotos. Portanto, cuide o tamanho das suas fotos. Geralmente, uma foto não deve ter mais do que 1200 pixels no maior lado e deve ser gravada no padrão

JPEG com qualidade média.[3] 1200 pixels já permite um bom zoom e a qualidade média do JPEG não fará diferença alguma se a imagem não for impressa. Embora existam pessoas que defendam 2000 pixels no lado maior da foto para permitir um zoom ainda maior, a minha opinião pessoal é que o zoom extra não compensa a perda de conversão devido ao tempo maior para carregar a página. Mas isso é daquelas discussões que virou religião. Quem gosta de qualidade, vai dizer que a qualidade vende mais do que as pessoas que sairão da sua loja devido ao tempo de leitura da página e quem pensa que em nem eu vai dizer que os que defendem qualidade de 2000 pixels não entendem nada de conversão e por isso preferem qualidade. Prefiro não ser radical aqui, mas todos os dados que li e vi até agora me levam a crer que a qualidade de 1200 pixels não fará você perder vendas devido ao zoom e será carregado muito mais rapidamente do que as imagens de 2000 pixels, aumentando suas conversões de forma geral. Talvez quando a Internet média do brasileiro for mais rápida, tenhamos espaço para 2000 pixels ou até mais.

Foto de qualidade não significa tamanho: significa nitidez, luz e bom enquadramento. Sobre tirar fotos você mesmo, falaremos em capítulos posteriores.

7.2.2 Descrição

A descrição obviamente varia muito de produto para produto, mas você deve sempre pensar: "o que eu gostaria de saber se fosse comprar esse produto e não o conhecesse?". Você deve incluir, no mínimo:

- Uma descrição do produto: o que o produto faz? Quem pode usá-lo? Quais suas qualidades?
- As dimensões do produto: altura, largura e comprimento. A foto muitas vezes não passa isso, pois não há uma referência. Há alguns produtos que são exceção e você não precisa obrigatoriamente colocar as

---

[3] Um excelente software para se fazer isso (e ele é 100% gratuito) é o GIMP (https://www.gimp.org/). Dentro do GIMP, após abrir a foto, basta acessar o menu [Imagem], selecionar [Redimensionar Imagem], colocar 1200 no lado maior (Largura ou Altura), clicar em Redimensionar e em seguida escolher [Exportar como...], selecionar JPEG e escolher qualidade como 65.

dimensões, mas nesses casos ele geralmente é acompanhado de outra descrição.

Sobre dimensões, aqui vai um detalhe muito importante. Artigos como roupas, anéis e sapatos geralmente necessitam de uma forma das pessoas saberem se aquele artigo servirá ou não para o seu e-consumidor. Como não é possível provar na Internet, você precisa diminuir ao máximo a taxa de devolução (pois parte do custo será pago por você). Para isso, tenha tabelas bem específicas de tamanho – quanto mais detalhada melhor. Lembre-se que embora você esteja ajudando o seu cliente, quem mais ganha com os detalhes é você mesmo – aumentando as vendas e reduzindo as devoluções devido a compra errada do tamanho.

Seguem alguns exemplos abaixo:

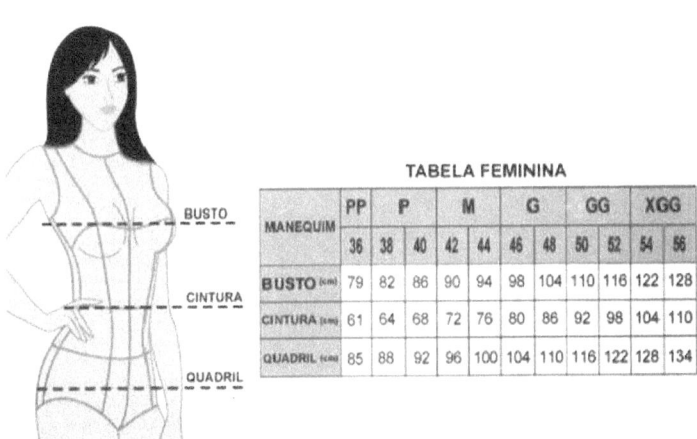

TABELA FEMININA

MANEQUIM	PP	P	M		G		GG		XGG	
	36	38	40	42	44	46	48	50	52	54	56
BUSTO (cm)	79	82	86	90	94	98	104	110	116	122	128
CINTURA (cm)	61	64	68	72	76	80	86	92	98	104	110
QUADRIL (cm)	85	88	92	96	100	104	110	116	122	128	134

Figura 1: Exemplo de tabela para roupas femininas. Deve estar na página do produto

Compare as medidas da criança com as medidas abaixo e escolha o tamanho ideal:

Bebê

tamanho	Pré	Rn	P	M	G	GG
idade	Pré Maturo	0 a 3 meses	3 a 6 meses	6 a 9 meses	9 a 12 meses	12 meses
altura/cm	45	52	62	67	72	77
cintura/cm	30	39	41	43	44	48
tórax/cm	32	40	44	46	48	49

Primeiros Passos

tamanho	1	2	3
idade	12 meses	2 a 3 anos	3 a 4 anos
altura/cm	82	88	98
cintura/cm	50	52	54
tórax/cm	50	52	54

Infantil

tamanho	4	6	8	10
idade	4 a 5 anos	5 a 7 anos	7 a 8 anos	8 a 10 anos
altura/cm	105	117	128	137
cintura/cm	56	58	60	62
tórax/cm	56	58	66	70

Juvenil

tamanho	12	14	16
idade	10 a 12 anos	12 a 14 anos	14 a 16 anos
altura/cm	150	156	160
cintura/cm	64	66	68
tórax/cm	75	78	82

Tabela baseada nas normas da ABNT.

Terabita
kids store

Figura 2: Exemplo de tabela de tamanhos para roupas infantis

TABELA DE MEDIDAS E TAMANHOS

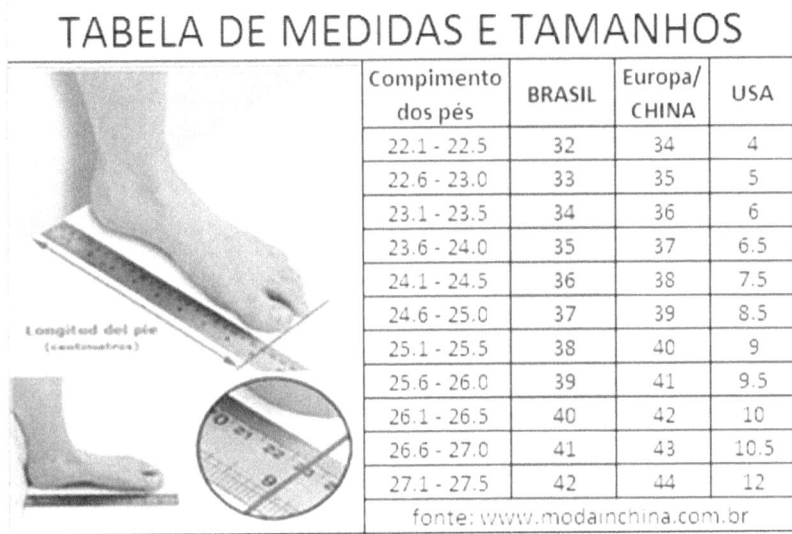

Compimento dos pés	BRASIL	Europa/ CHINA	USA
22.1 - 22.5	32	34	4
22.6 - 23.0	33	35	5
23.1 - 23.5	34	36	6
23.6 - 24.0	35	37	6.5
24.1 - 24.5	36	38	7.5
24.6 - 25.0	37	39	8.5
25.1 - 25.5	38	40	9
25.6 - 26.0	39	41	9.5
26.1 - 26.5	40	42	10
26.6 - 27.0	41	43	10.5
27.1 - 27.5	42	44	12

fonte: www.modainchina.com.br

Figura 3. Exemplo de tabela de tamanho para calçados

ACERTE NA MEDIDA !

Qual o tamanho do seu terno?

Para descobrir seu numero confira as medidas conforme ilustração ao lado e tabela de medidas abaixo.

TAMANHO	PP	P	M	G	GG	EG	EGG	XGG	XXG	G7	G8
PALETÓ	42	44	46	48	50	52	54	56	58	60	62
COMPRIMENTO	75cm	76cm	77cm	77cm	78cm	79cm	80cm	81cm	82cm	82cm	82cm
OMBRO	36cm	36cm	37cm	38cm	42cm	43cm	44cm	45cm	46cm	49cm	51cm
CINTURA	44cm	46cm	47cm	48cm	51cm	52cm	55cm	55cm	58cm	60cm	62cm
COMPRIMENTO DA MANGA	59cm	61cm	62cm	63cm	64cm	64cm	64cm	66cm	67cm	68cm	68cm
CALÇA	36	38	40	42	44	46	48	50	52	54	56
CINTURA CALÇA	71cm	75cm	79cm	83cm	87cm	91cm	95cm	99cm	103cm	107cm	111cm

Figura 4. Exemplo de tabela de tamanho para ternos

MEDIDA UNIVERSAL DE QUADROS - MULHERES					
CICLISTA		QUADRO			
Altura	Medida Interna da Perna	Tamanho	MTB	Passeio	Road
1,25 a 1,55m	68 71cm	P	13" a 14"	33 a 35cm	46 a 48cm
1,55 a 1,65m	71 73cm	P/M	14" a 15"	35 a 38cm	
1,60 a 1,70m	73 a 76cm	M	15" a 16"	38 a 41cm	51 a 53cm
1,65 a 1,75m	76 a 78cm	M/G	16" a 17"	41 a 43cm	
1,70 a 1,80m	78 a 81cm	G	17" a 18"	43 a 46cm	53 a 56cm
1,75 a 1,85m	81 a 83cm	G/XG	18" a 19"	46 a 48cm	
OBS: A maioria das fábricas trabalha atualmente com medidas cheias (P, M e G), e as equivalentes em cm para Road Bikes.					

Figura 5. Exemplo de tabela de tamanho para quadro de bicicleta feminina

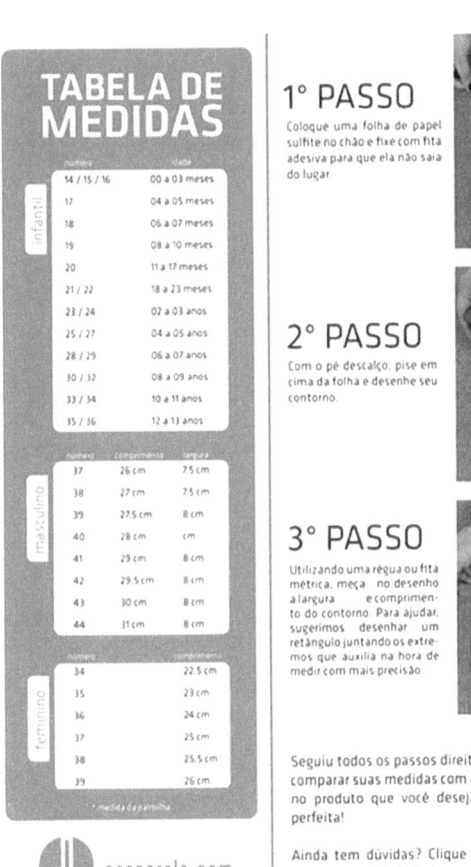

TABELA DE MEDIDAS

infantil

número	data
14 / 15 / 16	00 a 03 meses
17	04 a 05 meses
18	06 a 07 meses
19	08 a 10 meses
20	11 a 17 meses
21 / 22	18 a 23 meses
23 / 24	02 a 03 anos
25 / 27	04 a 05 anos
28 / 29	06 a 07 anos
30 / 32	08 a 09 anos
33 / 34	10 a 11 anos
35 / 36	12 a 13 anos

masculino

número	comprimento	largura
37	26 cm	7.5 cm
38	27 cm	7.5 cm
39	27.5 cm	8 cm
40	28 cm	cm
41	29 cm	8 cm
42	29.5 cm	8 cm
43	30 cm	8 cm
44	31 cm	8 cm

feminino

número	comprimento
34	22.5 cm
35	23 cm
36	24 cm
37	25 cm
38	25.5 cm
39	26 cm

* medida da palmilha

passarela.com

1° PASSO

Coloque uma folha de papel sulfite no chão e fixe com fita adesiva para que ela não saia do lugar.

2° PASSO

Com o pé descalço, pise em cima da folha e desenhe seu contorno.

3° PASSO

Utilizando uma régua ou fita métrica, meça no desenho a largura e comprimento do contorno. Para ajudar, sugerimos desenhar um retângulo juntando os extremos que auxilia na hora de medir com mais precisão.

Seguiu todos os passos direitinho? Então pronto! Agora é só comparar suas medidas com as da aba 'Tabela de tamanhos', no produto que você deseja, para escolher a numeração perfeita!

Ainda tem dúvidas? Clique aqui e entre em contato com nossa Central de Relacionamento.

Figura 6. Outro exemplo de tabela de tamanho com explicação do processo de medida

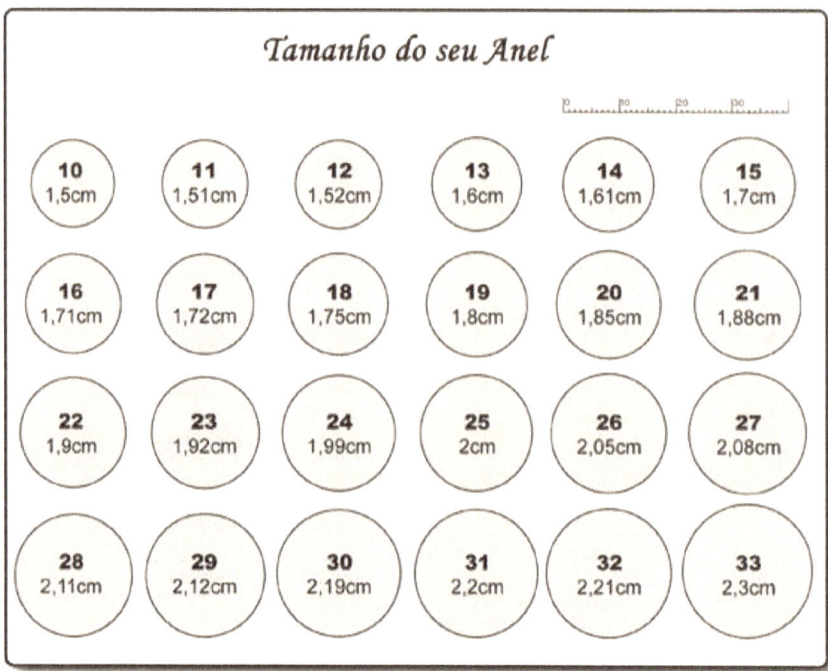

Figura 7. Tabela de tamanho para anéis

Voltaremos à descrição mais adiante, com um exercício que preciso que você execute.

7.2.3 Produtos Relacionados

Quanto mais produtos relacionados, mais chance do seu cliente encontrar o produto que deseja dentro da sua loja, aumentando suas conversões.

Dependendo da plataforma que você usa, você pode ter opção de ter produtos relacionados da forma clássica (ou seja, que são parecidos com o que o cliente está comprando) e produtos relacionados porque as pessoas que compram aquele produto geralmente compram o produto X também. Os dois tipos ajudam as vendas, principalmente se não tiver que ligar os produtos relacionados manualmente e for um processo automático.

Geralmente essa configuração é manual nas plataformas de e-commerce prontas e é um processo trabalhoso de ser feito, mas não subestime o seu poder. Complete com todos os produtos que são parecidos com aquele sendo vendido.

7.3 Apresentação do Seu Produto

Agora que vimos o mínimo que o seu produto deve ter independente do seu nicho, precisamos definir itens específicos da apresentação do seu produto para o seu nicho.

Por exemplo, máquinas fotográficas precisam de uma área de "Especificação Técnica", que conterá ao menos o número de Megapixels, quais os tipos de lente que possui, quantas fotos tira por segundo em sequência, em quantos FPS ela filma em 1080p e em 720p e assim por diante. Jogos precisarão de uma tabela de compatibilidade com o console (PS3, PS4, Xbox,...), se é dublado, se tem legenda, qual a faixa etária (livre, 14 anos, 18 anos), etc.

O seu nicho tem características próprias que só você sabe. Portanto, imprima a folha abaixo e faça o exercício dos seus produtos. Tente não passar para o próximo capítulo sem esse exercício realizado.

CARACTERÍSTICAS DO PRODUTO

1) Quais seções extras seu produto precisa? Para responder, procure no Google ao menos três sites de referência que vendam seu produto e pense em qualquer outra informação que você acha que ajudaria seus clientes a se decidirem pelo seu produto

2) Seu produto vem em caixa? Vale a pena tirar foto da caixa? Tem algum detalhe da caixa que você gostaria de destacar no seu e-commerce?

3) Seu produto tem validade? Tem garantia de fábrica?

4) Seu produto precisa de alguma tabela de tamanho, compatibilidade, idade ou uso? Como seriam essas tabelas?

5) Seu produto tem manual? Você consegue no site do fabricante ou nas Americanas.com?

6) Seu produto tem fotos profissionais que você possa usar (com modelos por exemplo)? Se sim, como você pode falar com o representante para usá-las em seu e-commerce?

7) Com base no que foi visto até aqui de descrição mínima e a específica para seu os produtos do seu nicho, monte uma descrição em uma folha de papel e mostre para sua esposa/marido, amigos, emprega doméstica, mãe/pai. Tente ter amostra de pessoas com conhecimento e sem conhecimento. Veja se eles conseguem entender só pela descrição o produto. Anote as opiniões de todos

8) Com base em suas anotações, crie o padrão de descrição para seus produtos. Produtos de mesma categoria devem ter sempre os mesmos campos de descrição, para poderem ser comparados.

7.4 O Básico das Fotos

Agora que você já sabe da importância das fotos para seu e-commerce, vamos ver quais as melhores práticas para você tirar as fotos dos seus produtos:

1. Devem ter uma boa qualidade. Aqui, boa qualidade mais uma vez não significa que você vai colocar fotos de 23 MPixels em seu e-commerce, pois irá demorar muito para que seu produto seja lido. Boa qualidade é ter 1200 pixels no lado maior[4] (que já permite um certo zoom), ter uma nitidez e clareza dos detalhes. Veja abaixo um exemplo de bolsa em baixa resolução e a mesma em alta resolução. Na segunda você consegue ver a marca no zoom. Na primeira, isso é impossível

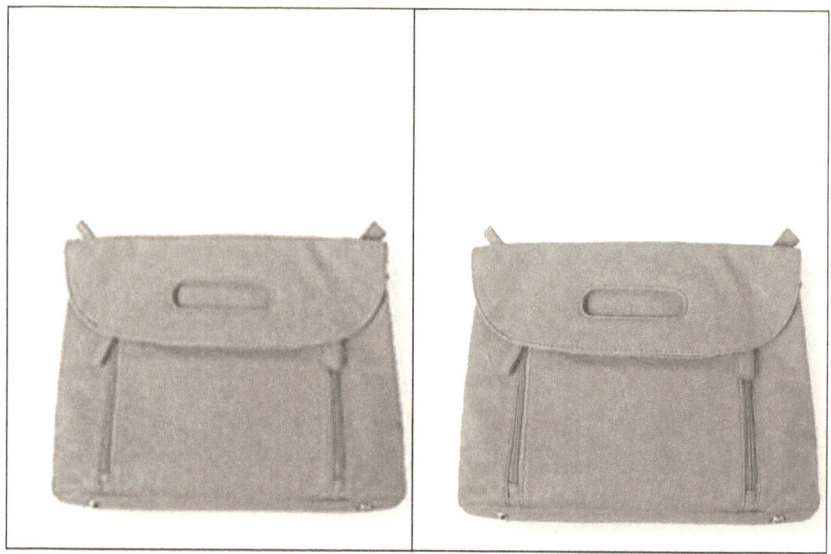

---

[4] Comentei anteriormente que um existe um grupo que entende que as fotos devam ter 2000 pixels no maior lado, mas essas opiniões vêm de países com Internet mais rápida, onde não se perde tantas conversões com esse tamanho de imagem. Minha opinião continua firme em 1200 pixels até que a Internet no Brasil aumente sua velocidade média.

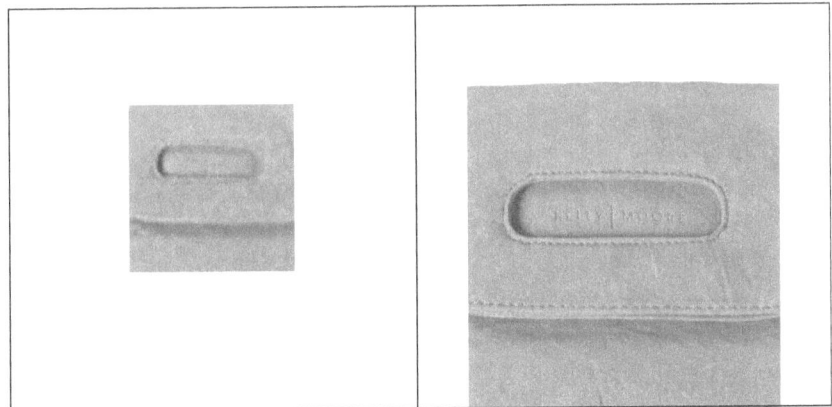

2. Deve ser tirada de vários ângulos do produto. Aqui além de foto de cima, de lado, de baixo, dentro (se for o caso do seu produto), pode-se incluir foto da caixa fechada e uma foto do produto em uso. Quanto mais referência você conseguir passar para o seu e-consumidor, melhor. Se você não pode arcar agora com fotos com modelos, veja se consegue tirar fotos **boas e de qualidade** com o produto em uso por você ou alguém da sua família. Se ficarem realmente boas, use. Se parecerem muito caseiras, melhor não colocar.

3. Deve haver uma foto para cada variação. Para produtos com grade, tenha uma foto para cada variação perceptível. Você não precisa ter uma foto para uma camisa código 123 branca M e outra para a mesma camisa código 123 branca G (a não ser que use modelos e indique a altura e a largura de ombros dos modelos usando aquelas camisas), mas você certamente precisa de uma foto da camisa código 123 branca e outra da camisa código 123 preta. E tente usar os mesmos tamanhos nas fotos da camisa 123 para que a pessoa possa comparar laranja com laranja na hora da compra

4. Deve permitir zoom. Esse fator é mais determinado pela plataforma de e-commerce do que sua própria vontade, mas quando permitido em sua plataforma, tenha certeza que suas fotos tem uma resolução que permita ver detalhes bons do seu produto. Se tiver que quebrar a

barreira dos 1200 pixels para certos produtos para mostrar mais detalhes, faça. Mas tente não deixar a foto muito grande (em tamanho de gravação).

5. Devem ter as margens alinhadas no mesmo lado. Tenha consistência. Veja os dois exemplos abaixo. O primeiro tem as fotos alinhadas de forma diferente. O segundo tem as fotos alinhas da mesma forma, permitindo que quando o cliente quando muda a foto, tenha uma boa experiência e não pareça que o produto está dando "pulos" na tela.

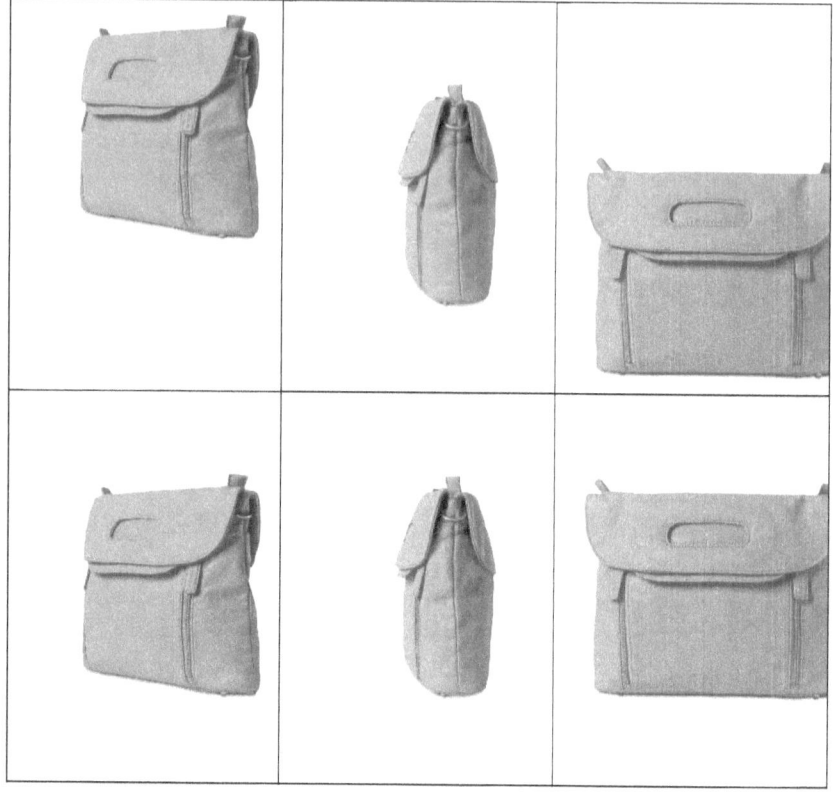

6. Devem ter um cuidado grande com sombra. A regra é, se você não é fotógrafo, tente não ter sombra no produto. Sombra pode dar um efeito bonito de profundidade, mas é mais fácil errar do que acertar. Não tem como errar em uma foto sem sobra coma as mostradas aqui.

Para tirar fotos sem sombra, você precisa de luz. Não só na frente, mas atrás.

7. Devem ter um fundo limpo, geralmente branco. Novamente, se você não é fotógrafo, não invente e tire suas fotos com fundo branco.

8. Devem ter uma boa iluminação. Já falamos um pouco sobre isso. Iluminação é tudo na fotografia, portanto não é ruim reforçar. Quanto mais lados você conseguir iluminar, melhor.

7.4.1 O Aparelho Para Tirar as Fotos

Hoje um celular tira fotos muito boas. É claro que uma câmera com lente profissional vai tirar fotos melhores, mas a qualidade de uma foto online que não será impressa está mais no modo que você tira a foto do que com qual aparelho você a tira. Deixe-me explicar: se você estiver com uma iluminação ruim e um fundo feio, uma foto com uma Canon 5D será muito pior do que uma foto com um celular pequeno do mesmo produto com uma boa iluminação e um fundo adequando. Portanto, você não precisa investir ainda em máquinas fotográficas – a não ser que você seja perfeccionista.

Não vou entrar em detalhes de ótica aqui – porque não é esse o objetivo desse livro. Mas quanto mais barata a lente, mais luz você precisa. Então, se o seu aparelho não for bom, muito provavelmente ele tem pouca abertura, necessitando de mais luz para tirar fotos boas. Portanto, prepare-se para tirar as fotos com bastante luz.

A mensagem principal aqui é: não saia investindo em câmeras fotográficas – provavelmente não é o investimento mais importante que você tem a fazer. Tire fotos com seu celular com uma boa luz e só realmente invista em uma câmera se realmente não têm como melhorar as fotos que você tirou com o celular ou se você tem um bom orçamento que permita esse investimento sem impactar as outras ações necessárias no início de uma loja virtual.

7.4.2 Mini-Estúdios

Hoje, existem mini-estúdios que lhe ajudam muito com o fundo e a iluminação. Um exemplo disso é o Foto Studio Pop Up. Geralmente encontrado em torno de R$190,00 (no tamanho menor, que já serve para diversos nichos) ele é uma caixa dobrável que permite que você o monte rapidamente em qualquer lugar e tire suas fotos. Ele vem com duas luzes de LED de apoio bem fortes para auxiliá-lo na iluminação. Veja abaixo a foto dele desmontado (sendo carregado) e dele montado:

O estúdio vem em diversos tamanhos. Veja abaixo o tamanho pequeno (36cm x 32cm x 37 cm) e o tamanho grande (60cm x 60cm x 60cm):

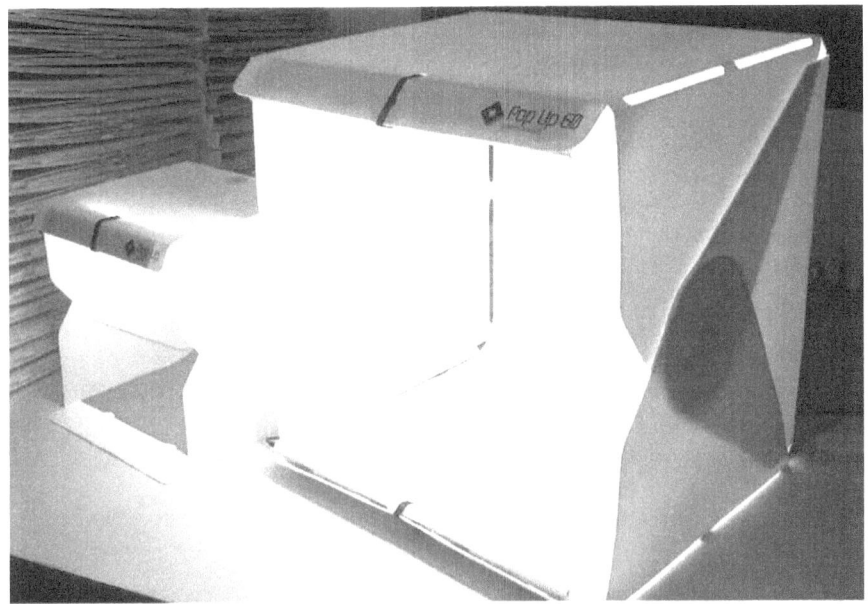

As luzes de LED são encaixadas com imãs e ele vem geralmente com três cores de fundo para você variar à vontade.

Como falei, se quiser fazer algum investimento para fotos, faça esse investimento antes de qualquer aparelho.

7.4.3 Melhorando Suas Fotos

Você sempre pode melhorar as fotos dos seus produtos com edição. Uma das melhores coisas que você pode fazer é tornar o fundo totalmente branco (ou transparente) usando edição. Embora eu use o Photoshop você pode fazer quase tudo o que precisa com uma foto para seu e-commerce utilizando o GIMP, o melhor editor gratuito de fotos que existe hoje.

Você pode baixar o GIMP aqui: https://www.gimp.org/downloads/

7.5 O Dilema da Terceirização

Tirar fotos você mesmo ou terceirizar? Eis a questão...

A base do sucesso de tudo na vida é o foco. Aquele ditado que o sucesso é 99% transpiração e 1% inspiração é mais do que verdade. Mas os 99% de transpiração devem ocorrer com você fazendo o que faz de melhor.

Esse livro pode ter um bom método, com certeza, mas uma das grandes vantagens dele, independente do que ensino, é transformar a maior parte do seu tempo livre em foco e aprendizado para o sucesso do seu e-commerce. Quanto mais você respirar e-commerce, falar o jargão do mercado e viver o dia-a-dia dele, mais rápido e mais certeiro será o seu sucesso.

Dito isso, se tiver condições, foque 100% das suas energias no coração do seu negócio:

- Definir os melhores produtos e fornecedores
- Analisar a concorrência mensalmente
- Gerenciar as campanhas de marketing vencedoras da sua loja virtual (que incluem a gerência de suas redes sociais oficiais)
- Fazer parcerias de venda e divulgação da sua loja virtual

Isso significa que a foto pode ser terceirizada sim!

Mas sei muito bem que isso não é sempre possível. Às vezes precisamos iniciar nós mesmos e vender alguns produtos para ter um fôlego financeiro para aí sim começar a terceirizar coisas secundárias.

O que esperar do preço das fotos? Bom, o preço varia muito, mas se você pesquisar encontra boas empresas e bons profissionais que vão lhe cobrar entre R$10,00 e R$30,00 por foto.

Então a dica aqui é: se puder terceirizar as fotos dos seus produtos, o faça agora mesmo. Isso vai lhe manter o foco no que realmente importa. Se não puder agora, tudo bem, gere uma certa renda para então terceirizar esse serviço assim que seja possível.

CAPÍTULO 8: MONTANDO SUA LOJA VIRTUAL

Nesse capítulo montaremos sua loja virtual, seu e-commerce. Usaremos a Loja Integrada nos nossos exemplos, mas você não precisa usar a Loja Integrada se não desejar. Praticamente todos os passos são reproduzíveis em outras plataformas prontas - talvez tenham um outro tipo de caminho de menu e algumas diferenças na configuração, mas a base será a mesma. Se você por acaso não tiver escolhido uma plataforma pronta e tenha ido para uma plataforma complementar, os caminhos tendem a ser mais diferente, mas a teoria ainda toda pode ser aplicada.

No final desse capítulo, seu e-commerce estará no ar, funcionando e aceitando pagamentos. Para isso, precisamos que você tenha feito algumas tarefas já, que coloco abaixo. Se você ainda não terminou essas tarefas, peço que você volte aos capítulos correspondentes e termine antes de continuar. Precisaremos que você já tenha:

- Escolhido seu nicho (Capítulo 3)
- Escolhido seus produtos (Capítulo 3)
- Encontrado seus fornecedores (Capítulo 3)
- Estudado seus concorrentes (Capítulo 3)
- Definido seu Avatar (Capítulo 4)
- Cadastrado seu domínio, de preferência o .com.br e o .com (Capítulo 5)
- Escolhido qual plataforma de e-commerce utilizar (Capítulo 6)
- Escolhido qual o gateway de pagamentos que vai utilizar e ter feito o cadastro no gateway (Capítulo 6)
- Ter finalizado o exercício da descrição dos produtos do seu nicho (Capítulo 7)
- Ter ao menos a foto de dois produtos (Capítulo 7)

Pronto para ter sua loja no ar? Vamos lá então.

8.1 Os Passos Iniciais

O primeiro passo é ter uma conta na plataforma de e-commerce escolhida. Com isso, você tem acesso a diversas configurações para sua loja.

Temos que então configurar as informações da sua loja. Na Loja Integrada, que será a plataforma que utilizaremos nesse passo-a-passo, o acesso é pelo ícone de configurações na parte superior direita e em seguida acessando Dados da Loja.

Gaste então um tempinho para colocar as informações abaixo na sua plataforma de e-commerce:

- Dados Iniciais
  - Nome do e-commerce
  - Endereço Físico
    - De acordo com o Decreto Federal 7962/13, todas as lojas virtuais precisam apresentar endereço físico, mesmo que este seja a sua residência.
  - CNPJ/CPF
  - Descrição da Loja
  - Ramo de Atividade
  - Pedido mínimo de compra
- Configuração do Logo do e-commerce
- Configuração do layout
  - Tipo de Layout
  - Cores principais e secundárias
  - Plano de Fundo
  - Fontes
- Inclusão dos primeiros banners
- Configuração do domínio
  - Onde você comprou o domínio
  - Dentro da plataforma de e-commerce
- Criação de duas páginas personalizadas
  - Política de Entrega
    - Crie uma página com a política de entrega da sua loja. Como seus clientes não conhecem ainda sua loja, isso

trará confiança para eles. Um exemplo de política de entrega é o da Vivara. Você pode se basear nele. O endereço da Política de Entrega da Vivara é http://www.vivara.com.br/politica-de-entrega.

- o Política de Troca e Devolução
  - Além de ser obrigatório dependendo da campanha de marketing (o Google Shopping por exemplo exige uma página desse tipo), ele passa muita confiança e deixa as regras claras.
  - Você pode se basear também na Política de Troca da Vivara em http://www.vivara.com.br/politica-de-troca.

8.2 Checklist Vencedor

Baixe seu checklist do E-Commerce Vencedor online. Ele vai lhe ajudar a colocar sua loja virtual de sucesso no ar.

https://www.lucrodigital.com.br/checklist-inicial-para-um-ecommerce-vencedor/

8.3 Cadastrando seus Produtos

Antes de começar cadastrando seus produtos, é importante saber algumas informações básicas sobre o produto em si, para que na hora de gerar nota fiscal, você não tenha erro.

8.3.1 SKU

Obrigatório. Embora algumas plataformas até permitam que você cadastre produtos sem SKU, nunca faça isso. SKU (do inglês *Stock Keeping Unit* – unidade para gerência de estoque em tradução livre) é o que identificará unicamente o seu produto dentro do seu e-commerce e é geralmente o que é utilizado na hora de importar as vendas da sua loja virtual em sistemas de gestão para identificar unicamente o produto.

Você não precisa – se não quiser – seguir um padrão complicado de SKU, embora seja aconselhável ter um padrão no SKU. Mas se não quiser seguir um padrão, tenha certeza de cadastrar um SKU único para cada produto – mesmo se for uma variação (cor, sabor, tamanho, etc). Ou seja, uma camisa X preta M, tem um SKU e a mesma camisa X preta G, tem outro SKU.

Por isso mesmo, muitos SKUs têm padrões, como por exemplo 6 dígitos para um código identificador, seguido da cor, seguido do tamanho: NNNNNN-C-T. No exemplo da camisa, se estivéssemos seguindo esse padrão, teríamos a camisa X preta M como 123041-P-M e a camisa X preta G seria 123041-P-G. Obviamente o número 123041 aqui é um exemplo de identificação única do produto sem variação.

Minha sugestão é sempre investir um pouco de tempo no início, definir seu padrão de SKU, documentar e salvar o documento e enumerar todo o seu estoque inicial pelo SKU criado. Isso vai facilitar muito sua vida no futuro.

Uma sugestão de SKU é a abaixo:

TI-NNNNN-TT-CC, onde

- TI é o tipo de produto (por exemplo BP para Boneca de Plástico, BT para Boneca de Tecido, BO para Bola, etc)
- NNNNN são 5 dígitos identificadores únicos (que pode ser um contador que vai sempre crescendo)
- TT é o tamanho (se você tem essa variação)
- CC é a cor (se você tem essa variação)

Mas é só uma sugestão, talvez você não preciso de todos os campos e/ou talvez você precise de mais campos (como sabor, etc).

Agora crie seu padrão de SKU e enumere todos os produtos do seu estoque utilizando seu padrão de SKU.

8.3.2 GTIN

O GTIN, do inglês *Global Trade Item Number* é um identificador para itens comerciais desenvolvido e controlado pela GS1, antiga EAN/UCC.

Os GTINs, anteriormente chamados de códigos EAN, são atribuídos para qualquer item (produto ou serviço) que pode ser precificado, pedido ou faturado em qualquer ponto da cadeia de suprimentos.

O GTIN é utilizado para recuperar informação pré-definida e abrange desde as matérias primas até produtos acabados. GTIN é um termo "guarda-chuva" para descrever toda a família de identificação das estruturas de dados GS1 para itens comerciais (produtos e serviços).

O GTIN começará a ser validado pela Receita Federal. Então, se você é fabricante, tenha certeza de criar um GTIN válido para seu produto. Se você é revendedor, peça o GTIN ao seu fornecedor. A implantação será gradual e começa pelos brinquedos e jogos recreativos. Você pode conferir a tabela com o cronograma de implantação aqui: https://www.gs1br.org/EM2017/CADASTRO/cronograma.pdf

8.3.3 NCM

NCM (Nomenclatura Comum do Mercosul) também será necessária na hora da geração da Nota Fiscal, portanto, na hora do cadastro, tenha certeza de já colocar o código lá.

Não sabe qual o NCM do seu produto? Você pode usar o site https://www.qualncm.com.br/ para lhe ajudar nessa tarefa.

8.3.4 MPN

MPN vem da sigla (Manufacturer Part Number, ou seja, o código produto no fabricante). Ele não é obrigatório, mas cadastrá-lo vai ajudar você na hora de comprar novamente com o mesmo fornecedor. Sugiro sempre que possível cadastrá-lo também.

8.3.5 Marca

Algumas vezes a marca vale mais do que o produto em si. Portanto, ter um cadastro e uma busca por marca faz toda a diferença. Quando possível, cadastre a marca do produto.

8.3.6 Categoria

A divisão ideal por categoria é sempre um quebra-cabeça. Pesquise como seus concorrentes estão fazendo e defina a melhor forma de dividir seus produtos em categorias para sejam melhor encontrados.

Lembre-se que um único produto pode estar em mais do que uma categoria, o que é bem comum na categoria "Em Promoção", onde você vai colocar todos os produtos em promoção atualmente.

8.3.7 Dimensões e Peso

Já falamos da importância da dimensão e do peso. Essa informação não só dá ao comprador uma ideia do produto em si como também é essencial para os correios. E aqui vale uma observação:

- As dimensões e o peso do produto na área de descrição devem ser apenas do produto, sem caixa, pois isso é que interessa ao comprador. Se desejar pode incluir também as dimensões e peso do produto na caixa, como ume segunda referência ao comprador;
- As dimensões e o peso do produto informado na área específica da página do produto são utilizados para o cálculo automático dos correios, portanto, utilize use a dimensão da caixa que irá transportar o produto e o peso do produto mais a caixa de transporte.

Dica: os correios têm uma forma bem peculiar de cálculo de transporte que faz com que o preço do frete (tanto PAC como SEDEX) tenha um valor geralmente muito menor se o seu produto não for muito pesado (ou seja, mais do que 10 quilos) para caixas de até uma certa dimensão. Depois dessa dimensão básica, mesmo se o seu produto for leve, os preços do frete darão um salto.

Se você for encomendar uma caixa personalizada para seus produtos, se atente a esse fato. Funciona assim:

Peso Cúbico = (C X L X A) / 6000

C = Comprimento da caixa em centímetros

L = Largura da caixa em centímetros

A = Altura da caixa em centímetros

Se o peso cúbico calculado acima for menor que 10 Kg, será atribuído o peso real da caixa. Se ultrapassar, será considerado o peso cúbico. É esse cálculo que faz muita gente perder bastante dinheiro em frete.

Exemplo 1: Caixa com as dimensões 50 cm X 60 cm X 16 cm e pesando 3 kg (produto + caixa)

50 cm x 60 cm x 16 cm / 6000 = 8Kg cúbicos

Como o resultado foi menos que 10 Kg cúbicos, o produto fica isento do peso cúbico e será cobrado pelo peso físico (3 kg nesse exemplo).

Exemplo 2: Mesmo produto acima mas agora transportado em uma caixa maior com as dimensões: 55 cm X 31 cm X 40 cm. Sendo a caixa maior, o peso total foi para 3,3 Kg (produto + caixa).

55 cm x 31 cm x 40 cm / 6000 = 11,36 Kg cúbicos

Como o resultado foi maior do que 10 Kg cúbicos, considera-se o maior valor entre o peso cúbico e o peso físico, nesse caso é 11,36Kg do peso cúbico.

Veja que a diferença de peso total entre os dois exemplos em peso foi de 300 gramas. Entretanto, o preço variou muito devido ao fato do segundo exemplo ultrapassar a barreira dos 10 Kg cúbicos. Abaixo, apresento o preço do frete desses exemplos de um CEP de Porto Alegre para um CEP de São Paulo:

- Preço do Exemplo 1
  - PAC: R$22,60
  - SEDEX: R$40,70
- Preço do Exemplo 1
  - PAC: R$50,30
  - SEDEX: R$ 96,10

8.3.8 Gerência do Estoque

A não ser que seja um produto digital, sempre controle o estoque, pois isso vai lhe impedir de vender unidades que não tem, o que pode lhe render uma tremenda dor de cabeça, pois quando o cliente compra, a única explicação que ele quer é quando o produto vai chegar na residência dele.

Se você tem loja física também, tente ligar o sistema de estoque com o da loja virtual. Uma forma de fazer isso é usar o mesmo sistema de controle de estoque que a plataforma de e-commerce em sua loja física. Veja se a plataforma da sua loja física permite isso. Se não permitir, você terá que reduzir o estoque disponível em seu e-commerce a cada venda em sua loja física, o que é longe do ideal, mas pode servir por um tempo enquanto as vendas não estão nas alturas e você conseguir interligar os dois sistemas de estoque.

8.3.9 Produtos com Variações

Aqui é um tópico um pouco controverso.

Preciso antes de mais nada lhe dizer o que é o correto teoricamente: cadastrar os produtos que possuem variações de cor, tamanho, sabor, etc dentro de um único produto utilizando a funcionalidade "Variações" que está presente em quase todas as plataformas.

A teoria fala isso por duas razões.

Em primeiro lugar, o produto é o mesmo, você só está escolhendo o tamanho ou a cor dele, por exemplo. Esse conceito vem da nossa experiência no mundo das lojas físicas, onde, por falta de espaço, a vitrine tem geralmente uma única variação exposta. Você olha, gosta, pede sua cor e tamanho, prova e compra ou não.

Em segundo lugar, se você um dia for fazer uma campanha do Google Shopping (aquele tipo de campanha que você digita o produto e vêm diversos produtos com foto na parte superior do Google já com as fotos), se as variações forem cadastradas como produtos diferentes, muitas vezes o Google considera como produto duplicado e consequentemente não apresenta todos as variações como deveria.

Explicada a teoria, vamos à prática. Quando iniciamos nossa loja virtual, se não possuímos dinheiro para um grande investimento inicial em estoque, não teremos muitos produtos. Um e-commerce com poucos produtos "espanta" os clientes, passando uma sensação de e-commerce pequeno. Por isso mesmo, quando o estoque é pequeno no início, eu aconselho a cadastrar as variações como produtos diferentes, para "encher" mais a loja.

Mas saiba que quando a loja ficar maior e com mais produtos e/ou se você desejar anunciar no Google Shopping você terá que usar variações. No Google Adwords (pesquisas patrocinadas), isso não causa nenhum problema, ou seja, o marketing que vamos cobrir nesse livro pode ser tranquilamente realizado com as variações cadastradas como diferentes produtos.

8.3.10 Fotos e Descrição

Devem seguir o padrão que você definiu no exercício do capítulo 5.

8.4 Configurando Pagamentos

O primeiro passo é criar uma conta no gateway de pagamentos escolhido. Lembre-se que alguns gateways de pagamento possuem a possibilidade de se fazer cadastro como comprador e como vendedor. Como vendedor, alguns gateways possuem uma divisão – vendedor Pessoa Física e vendedor Pessoa Jurídica (conta empresarial). Aqui estamos falando de uma conta de vendedor empresarial, pois a geração de nota fiscal e outros processos, como falamos anteriormente, vai exigir de você um CNPJ.

Veja abaixo o tipo de conta no PagSeguro:

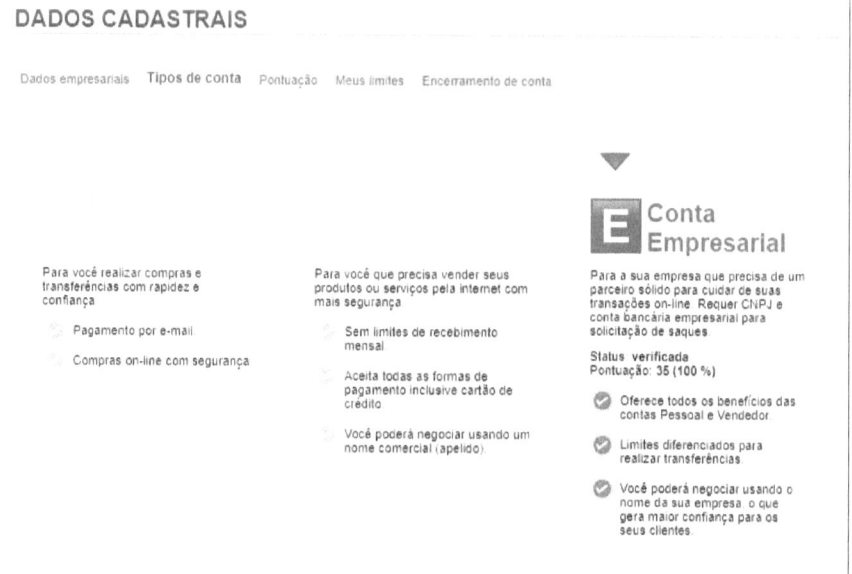

No processo de cadastro, você terá que enviar alguns documentos para que sejam aprovados pelo gateway. Mas o processo geralmente é 100% online, ou seja, você digitaliza o que for preciso e envia.

Geralmente também, existe a aprovação da conta bancária, onde posteriormente o gateway de pagamentos fará o depósito das retiradas do valor das suas vendas. O PagSeguro por exemplo, faz dois depósitos que somam R$1 e pede para que você informe qual o valor dois depósitos no processo de validação da conta.

8.4.1 Ligação do Gateway com a Plataforma de e-commerce

Feito isso, agora é hora de ligar as duas plataformas (de e-commerce e a de pagamentos), para que na hora do pagamento das compras em sua loja virtual o processo ocorra corretamente e o cartão do cliente seja debitado, o boleto seja gerado ou o débito em conta efetuado.

Geralmente nas plataformas prontas, isso é muito fácil e ocorre com você ou informando um código específico (token) do gateway de pagamento na plataforma de e-commerce ou então se logando no gateway de pagamentos e autorizando o acesso da sua conta via plataforma de e-commerce.

8.4.2 Cálculo das Parcelas

Embora a plataforma de e-commerce utilize o gateway de pagamentos, a informação do valor de cada parcela exibida na página do produto é geralmente calculada somente pela plataforma de pagamentos, sem intervenção do gateway de pagamentos.

Por isso mesmo é muito importante que a configuração das parcelas (número máximo de parcelas e até qual parcela será sem juros – ou seja, pago por você) seja exatamente a mesma na plataforma de e-commerce e no gateway de pagamentos, caso contrário você corre o risco de apresentar um valor de parcela ao cliente na página do produto e na hora do pagamento esse valor seja diferente.

8.5 Configurando o Frete

A configuração do frete pelos correios (PAC e SEDEX) em uma plataforma pronta de e-commerce é um processo simples, mas você ter duas coisas em mente:

1. Adicione um dia útil ao prazo dado pelos correios, pois você vai ter compras após as 18 horas que serão postadas somente no dia útil seguinte

2. Tenha certeza que sempre colocar no cadastro do produto o peso e a cubagem do produto embalado, pronto para ser despachado, a fim de evitar perdas com frete.

8.5.1 Estratégia de Frete para Sua Cidade

Eu aconselho fortemente a criar um método de frete personalizado para a cidade onde fica a sua central de estoque, com as seguintes características:

1) Somente disponível na sua cidade (tenha certeza de limitar a opção de escolha ou por cidade ou por faixa CEP). Você pode buscar as faixas de CEP aqui: http://www.buscacep.correios.com.br/sistemas/buscacep/buscaFaixa Cep.cfm
2) Que seja entregue no próximo dia útil, criando um diferencial muito bacana em relação às grandes lojas
3) Que seja com hora marcada
4) Que seja feita com motoboy. Tenha certeza de ter um bom parceiro para sempre ter motoboys disponíveis para entrega. Eu uso a empresa Loggi, mas sei que ela não está disponível em todas cidades

Porque essa estratégia funciona tão bem? Porque a pessoa, se é da sua cidade, recebe a encomenda no máximo no dia seguinte. Pode ter até a chance de receber no mesmo dia, se você conseguir encaixar uma venda que foi feita de manhã cedo para ser entregue até o final da tarde do mesmo dia.

O resultado e o *feedback* desse tipo de frete é sempre excelente. As pessoas simplesmente se apaixonam por ter comprado um produto online e já receber o produto no mesmo dia ou no dia útil seguinte. O marketing boca-a-boca faz seu e-commerce ir muito mais longe e você só tem a ganhar.

Como a implementação desse processo é geralmente relativamente fácil, não deixe de fazê-lo.

Na Loja Integrada, basta ir em Configurações → Formas de Envio e escolher [Adicionar nova forma de envio]. Uma tela como a abaixo será exibida:

Dê um nome público para sua forma de Envio, por exemplo, "Entrega Próximo Dia Útil em Porto Alegre", coloque um valor fixo (por exemplo R$ 15,00), não coloque nenhuma limitação em termos de valor mínimo para uso e adicione a faixa de CEP da sua cidade. Isso fará com que esse tipo de frete só possa ser utilizado se a entrega for na sua própria cidade (o que permite que você utilize Motoboy para a entrega).

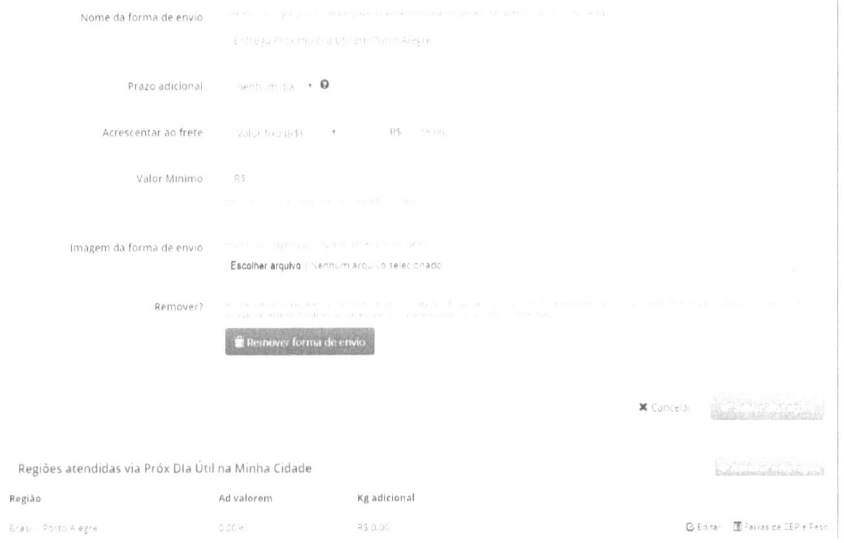

8.6 Instalando Rastreadores

Os rastreadores são uma peça-chave no seu e-commerce. É através deles que você sabe quantos acessos tem o seu e-commerce, sua taxa de conversão, qual a classe social e os interesses de quem visita (e compra) na sua loja, qual a faixa etária e muito mais.

É através dos rastreadores também que você consegue usar a inteligência de dados para reduzir o custo do seu marketing ao longo do tempo. Por exemplo, você pode perceber que está tendo muitas visitas de pessoas entre 18 e 24 anos, mas não estão convertendo. Já as pessoas entre 30 e 35 anos, embora visitem menos sua loja, convertem bem mais percentualmente. Sabendo disso, você então aumentara o marketing focando especificamente nas pessoas entre 30 e 35 anos, aumentando a taxa geral de conversão do seu e-commerce.

Hoje é inconcebível ter um e-commerce sem rastreadores, embora isso ainda seja uma triste realidade para muitas lojas virtuais por aí. Como não conseguem otimizar seu marketing, geralmente têm uma operação cara e baixas margens. Uma hora ou outra acabam fechado "as portas".

É através de rastreadores também que você consegue fazer o remarketing ou retargeting, que é basicamente a publicidade focada naquelas pessoas que visitaram seu site. É o marketing mais barato de todos, pois alcança pessoas que já conhecem a marca, já se interessaram em comprar alguma vez ou mesmos já compraram.

Mas afinal o que é um rastreador? Um rastreador é um pequeno pedaço de código (geralmente em HTML e Javascript) que você insere em sua loja virtual. Assim, sempre que alguém acessa seu e-commerce, o código executa, guarda a informação de quais páginas e quais produtos aquela pessoa acessou e informa ao dono do rastreador (Google, Facebook, Navegg, etc) que a pessoa X acessou. Internamente, ele sabe qual a faixa etária, a renda, os interesses e muitas outras informações da pessoa X (o conjunto de informações depende do provedor do rastreador e de quanto aquela pessoa disponibiliza informações públicas).

Existem diversos rastreadores. Os mais importantes são os três abaixo:

- Google Analytics: rastreador do Google
- Pixel do Facebook: rastreador do Facebook

- Navegg: provedor especializado em dados qualitativos das pessoas, incluindo interesses em comum

8.6.1 Google Analytics

O primeiro passo para utilizar o rastreador do Google é criar uma conta do Google (se você ainda não tem) e em seguida criar uma conta no Google Analytics (https://analytics.google.com/).

Dentro da ferramenta, devemos então criar uma nova propriedade. Para isso, precisamos em primeiro lugar criar uma conta do Analytics. Uma conta pode possuir diversas propriedades. Para criar uma conta nova, dentro do Analytics, acesse Administrador e escolha "Criar nova Conta".

Você será direcionado a uma tela como a abaixo:

Nova conta

O que você deseja acompanhar?

Website   Aplicativo para dispositivos móveis

Configurando sua conta

Nome da conta

As contas podem conter mais de um ID de acompanhamento.

Nome da minha nova conta

O valor é obrigatório.

Configurando sua propriedade

Nome do website

Meu novo website

URL do website

http:// ▼   Exemplo: http://www.mywebsite.com

Categoria do setor

Selecione uma opção ▼

Fuso horário dos relatórios

Estados Unidos ▼   (GMT-07:00) Horário do Pacífico ▼

Nome da conta e nome do website são informações somente para você, para facilitar a identificação se você tem muitas propriedades. O resto são informações do seu e-commerce.

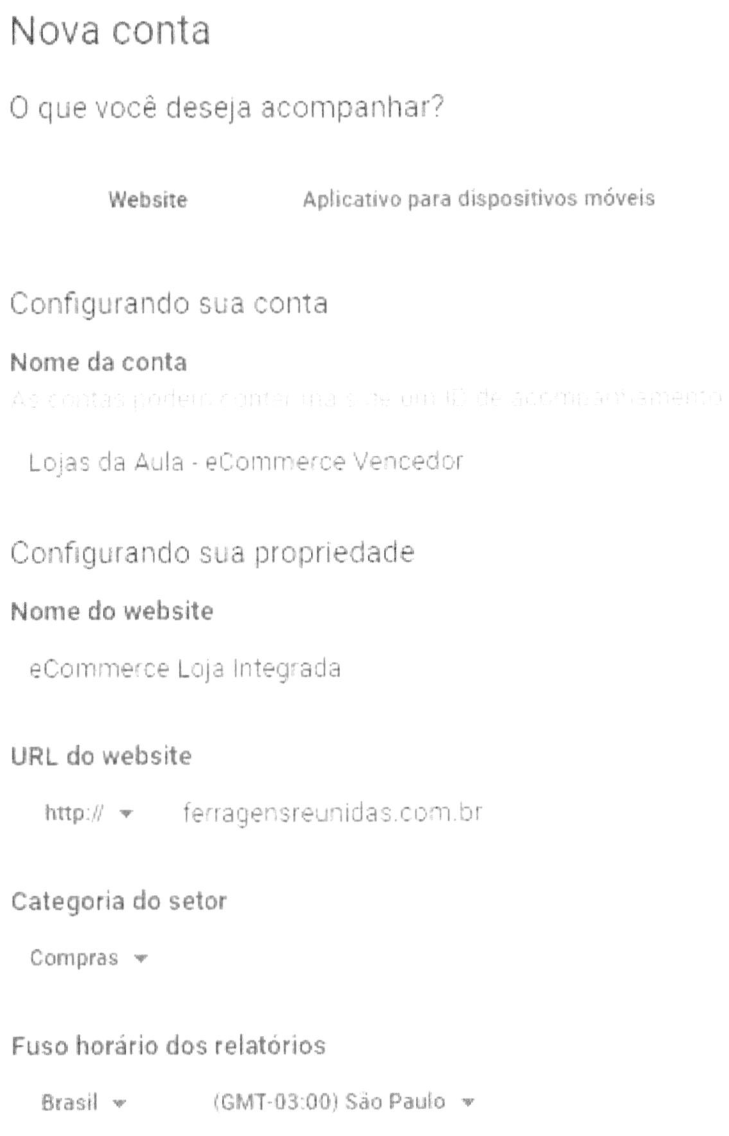

Nova conta

O que você deseja acompanhar?

Website   Aplicativo para dispositivos móveis

Configurando sua conta

Nome da conta

As contas podem conter uma ou um ID de acompanhamento

Lojas da Aula - eCommerce Vencedor

Configurando sua propriedade

Nome do website

eCommerce Loja Integrada

URL do website

http:// ▼   ferragensreunidas.com.br

Categoria do setor

Compras ▼

Fuso horário dos relatórios

Brasil ▼   (GMT-03:00) São Paulo ▼

A parte de baixo, com as caixas de seleção, pode ser deixada como estão no momento (geralmente elas as caixas de seleção vêm todas selecionadas). Feito isso, clique em "Ver ID de acompanhamento".

Agora você pode colocar esse ID de acompanhamento em seu e-commerce. Escolha essa opção sempre que possível.

Na Loja Integrada, basta ir em Soluções → Aplicativos, escolher Google Analytics e inserir o ID recém-criado ali. A plataforma de e-commerce fará todo o resto.

Em último caso, caso não estiver disponível a opção do ID de acompanhamento do Google Analytics, você pode colocar o código *Javascript* disponibilizado em seu e-commerce (deve estar presente em todas as páginas). Todas plataformas de e-commerce possuem uma forma de adicionar código no *header* (cabeçalho da página) ou no *body* (corpo da página). Se realmente não houver a opção do ID de Acompanhamento do Google, você deve usar a opção do código *Javascript* no *header* de todas as páginas.

Em seguida, você deve ativar o comércio eletrônico da sua visão. Para isso, ainda em Administrador do Google Analytics, acesse na vista de propriedade – Todos os dados do website, o link "Configuração de comércio eletrônico" e ative o comércio eletrônico

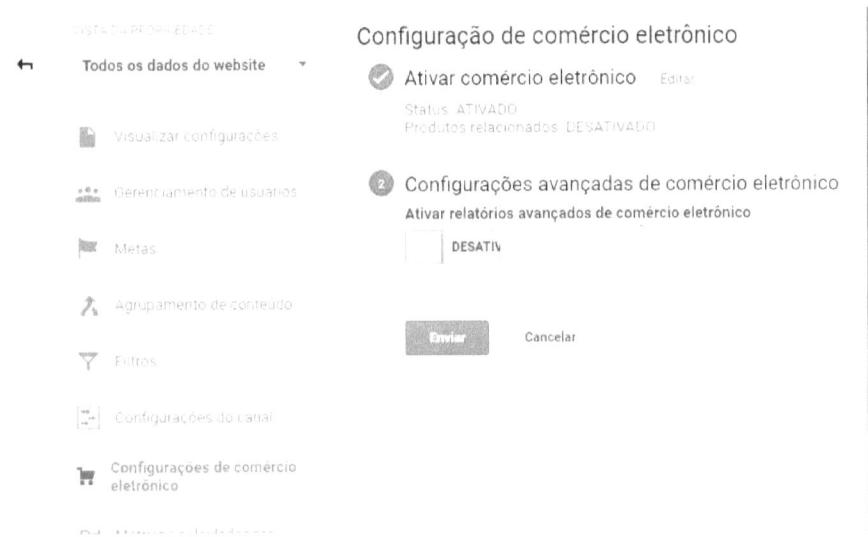

O passo seguinte é ligar a conta do Analytics à sua conta do Adwords (se não possui ainda conta no Adwords, você precisa criar uma).

Para isso, volte ao nível de Propriedade e selecione "Vinculação do Google Adwords", selecione sua conta e confirme a vinculação. Seu resultado final deve ser parecido com a tela abaixo:

Estamos quase lá!

Precisamos entrar agora no Google Adwords (na conta que foi vinculada), selecionar Biblioteca compartilhada, escolher "Públicos-alvo" e visualizar o código da tag de remarketing. O código deverá ser inserido no corpo da página do seu e-commerce (antes do fechamento da tag </body>).

Pronto! Você já tem o Analytics rastreando todos que entram em sua loja virtual e também a tag de remarketing pronta para quando você desejar fazer uma campanha apenas para quem já visitou seu e-commerce – que é o tipo de marketing mais barato e mais efetivo que você vai ter.

8.6.2 Pixel do Facebook

Se você não tem um Pixel configurado ainda, o primeiro passo é cria-lo. Para tanto:

1. Se você ainda não usa o business.facebook.com, aconselho criar sua conta lá antes
2. Acesse https://www.facebook.com/ads/manager/pixel/facebook_pixel
3. Clique em Criar um pixel

Crie um Pixel do Facebook

Rastrear atividades no site

Melhore seu retorno sobre o gasto com anúncios

Alcance clientes novos e existentes

Criar um pixel

4. Insira um nome para o Pixel

Criar um pixel do Facebook

Crie um pixel do Facebook para mensurar os resultados dos seus anúncios, otimizar anúncios para conversões e criar públicos para remarketing. Saiba mais

Nome do pixel   Pixel de BM - PI.1

Você criou o seu 01 pixel por conta de anúncios. Faça um upgrade para o Gerenciador de Negócios para criar 18 pixels em nível comercial.

Ao clicar em Criar, eu concordo com os Termos do Pixel do Facebook   Cancelar   **Criar**

5.   Clique em Criar Pixel

Após a criação do Pixel, está na hora de conectar o Pixel do Facebook com sua loja virtual. O processo é muito semelhante ao código do Google Analytics. Tente sempre informar o número de identificação do pixel se esta opção estiver disponível, pois é a melhor e mais completa.

Na Loja Integrada, em Soluções → Aplicativos, escolha Pixel do Facebook e coloque o ID do Pixel recém-criado.

Pixel do Facebook

O Pixel do Facebook permite que você posicione um pixel único em todo o site para relatar conversões, criar públicos e obter informações importantes sobre como as pessoas usam seu site.

Número de identificação do pixel

355694024867460

Fechar Salvar

Caso não esteja disponível a opção de colocar o ID do Pixel do Facebook você terá que copiar e colar o código na área que será replicada em todos os *headers* das páginas do seu e-commerce. Nesse caso, o código deve ser copiado clicando no botão [Configurar] do seu Pixel:

Escolha opção de instalação

Etapa 1: Escolha como deseja instalar seu código de pixel
Para fazer seu pixel funcionar, você precisa instalar um código nas páginas do seu site. Existem duas formas de fazer isso.

Usar uma integração ou gerenciador de tags

Atualmente, o pixel do Facebook pode ser integrado com BigCommerce, Gerenciador de tags do Google, Magento, Segment, Shopify, Squarespace, Wix, WooCommerce e muito mais. Saiba mais sobre integrações de plataformas

Copiar e colar o código

Escolha esta opção se precisar inserir manualmente trechos do código do pixel no código do seu site. Orientaremos você pelas etapas para fazer isso. Saiba mais

Voltar

Cancelar

E então escolha a opção [Copiar e colar o código] e copie o código do pixel exibido (basta clicar no texto e ele irá colocar na área de transferência automaticamente):

Install Pixel Base Code

Locate the header code for your website.

You must install the pixel base code into the header code of every page of your website. This lets you get data about all page views on your website, to establish a baseline for measuring specific events. Find the <head></head> tags in your webpage code, or locate the header template in your CMS or web platform. Learn where to find this template or code in different web management systems

Copy the entire pixel base code and paste it in the website header.

If possible, paste the pixel base code at the bottom of the header section, just above the </head> tag

> ⓘ Please don't modify this code

```
<!-- Facebook Pixel Code -->
<script>
!function(f,b,e,v,n,t,s){if(f.fbq)return;n=f.fbq=function(){n.callMetho
n.callMethod.apply(n,arguments):n.queue.push(arguments)};if(!f._fbq)f._
n.push=n;n.loaded=!0;n.version='2.0';n.queue=[];t=b.createElement(e);t.
t.src=v;s=b.getElementsByTagName(e)[0];s.parentNode.insertBefore(t,s)}(
document,'script','https://connect.facebook.net/en_US/fbevents.js');
fbq('init', '170634462849150');
fbq('track', 'PageView');
</script>
<noscript><img height="1" width="1" style="display:none"
src="https://www.facebook.com/tr?id=170634462849150&ev=PageView&noscri
/></noscript>
<!-- DO NOT MODIFY -->
<!-- End Facebook Pixel Code -->
```

 Usar correspondência avançada

Avançar

Pronto! Sua configuração do Pixel está feita.

8.6.3 Navegg

Navegg (https://www.navegg.com/) é uma solução de Big Data que lhe dá uma série de informações que serão úteis ao seu Marketing Digital.

A instalação dele é extremamente simples. Você informa qual o endereço da sua loja virtual em configurações da conta e copia o trecho de código para a área de *header* da sua loja virtual. O trecho de código será assim:

```
<script
id="navegg" type="text/javascript" src="https://tag.navdmp.com/tm[ID].js" ><
/script>
```

Onde [ID] deve ser substituído pelo ID que lhe é fornecido.

8.6.4 Testando o Analytics e o Pixel do Facebook

Agora precisamos testar se a tag do Analytics, a tag de remarketing do Google e o Pixel do Facebook estão funcionando. Para tanto, você deve instalar duas extensões do Chrome:

1. Facebook Pixel Helper
2. Tag Assistant (by Google)

Após instalá-las, abra uma nova aba e habilite o Tag Assistant (o Facebook Pixel Helper está sempre habilitado) e abra o seu e-commerce.

O do Google deve lhe mostrar duas "carinhas verdes" indicando sucesso: uma para o Google Analytics e outra para a Remarketing Tag.

Google Tag Assistant

Result of Tag Analysis

2 In total

1   Google Analytics

2   Remarketing Tag

O Facebook Pixel Helper deve lhe mostrar que encontrou o seu Pixel com o mesmo Pixel ID que você forneceu.

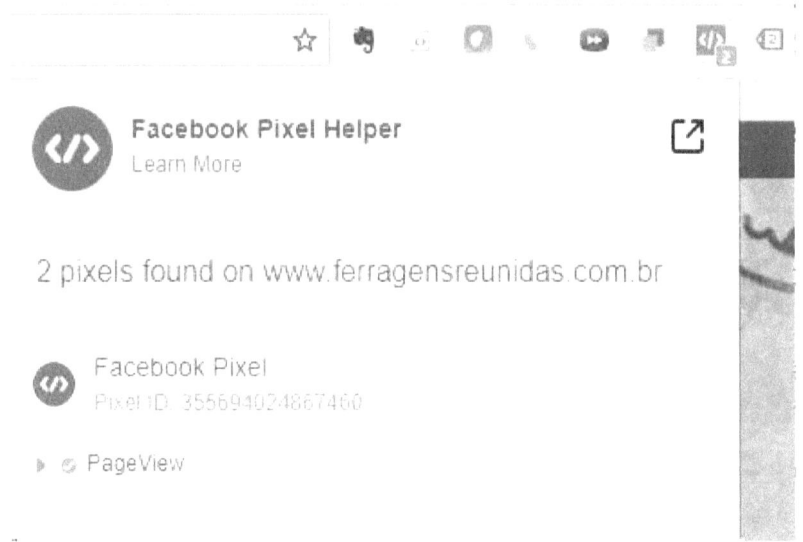

8.7 O que Você Precisa Saber de SEO Agora

Quando você quer achar algum produto, onde você geralmente procura? E se for comida, pedir uma pizza online? E se for um serviço, por exemplo como arrumar o telhado da sua casa? Se você respondeu Google para uma ou mais dessas perguntas, você está com junto com a grande maioria das pessoas. Veja abaixo a participação do Google no mercado de pesquisas em desktop e no mobile:

Market Share (US)

Entity	Dec-2015	Nov-2016	Dec-2016
Google Sites	63.8%	63.8%	63.5%
Microsoft Sites	21.1%	22.3%	22.5%
Yahoo Sites	12.4%	11.6%	11.7%
Ask Network	1.6%	1.4%	1.4%
AOL, Inc.	1.0%	1.0%	0.9%

Volume of Queries (millions)

Entity	Nov-2016	Dec-2016
Google Sites	15,303	14,954
Microsoft Sites	9,758	9,498
Yahoo Sites	3,408	3,365
Ask Network	1,775	1,745
AOL, Inc.	211	205

Market Share das Pesquisas do Google em Desktop

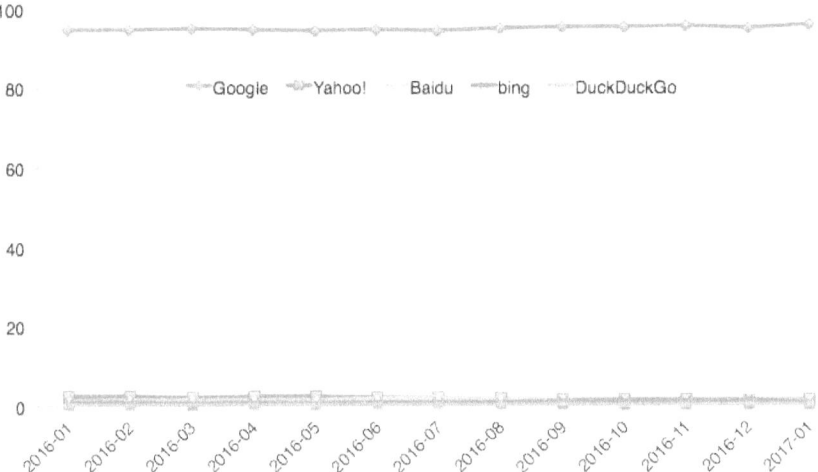

Market Share das Pesquisas do Google no Mobile

Dito isso, é fácil saber a importância de ter a empresa listada como um dos resultados da pesquisa: isso significa marketing gratuito, que vai levar tráfego para seu e-commerce sem você ter sempre que investir em marketing digital.

SEO (*Search Engine Optimization* – Optimização do Motor de Busca, em tradução livre) é uma forma de otimizar seu e-commerce para que ele esteja bem colocado nas pesquisas. Quanto mais perto da primeira posição você estiver, melhor. O processo não é fácil e toma um bom tempo, mas funciona.

Sabendo ainda que a distribuição de cliques nas pesquisas do Google é muito desigual, fazendo com que que 80% das pessoas nunca chegue na segunda página de pesquisa e 60% das pessoas cliquem nos três primeiros resultados, isso torna-se mais crucial. Veja o gráfico abaixo, da Advanced Web Ranking, que indica a taxa de cliques em cada posição de pesquisa, tendo a primeira posição orgânica de pesquisa perto de 28% dos cliques e a segunda já baixando para os 14%.

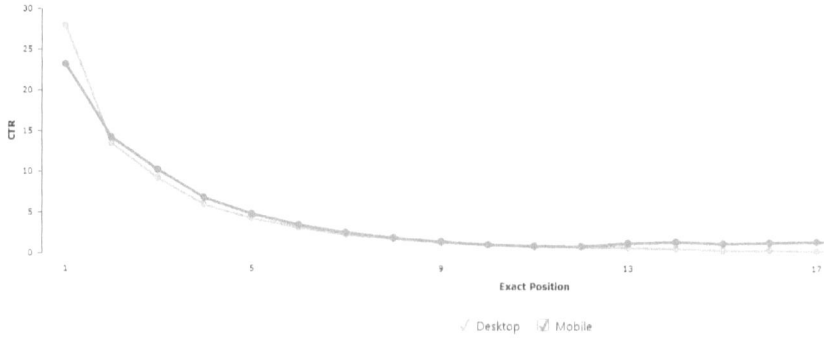

Chegar na primeira página não é uma tarefa fácil, mas é possível. Além do mais, qualquer avanço na posição que você aparece nas pesquisas vai aumentar o tráfego orgânico, ou seja, gratuito, para sua loja virtual.

O investimento é de longo prazo e, portanto, as ações têm que ser muito bem planejadas.

SEO é uma ciência em si, e um livro do mesmo tamanho desse seria necessário para se aprofundar mais nas técnicas. O que vamos explorar aqui é a base, que é o mínimo que você precisa saber e trabalhar para que seu e-commerce avance mais e mais organicamente, diminuindo seu CAC (Custo de Aquisição de Cliente).

Embora existam outras ferramentas de busca no mercado, o Google tem o domínio do mercado e por isso mesmo quase tudo o que você vai ler sobre SEO é focado em Google, mas ao mesmo tempo serve muito bem para os outros mecanismos de pesquisa.

8.7.1 O Básico

Os resultados do Google são divididos entre pagos e não-pagos (orgânicos). Os pagos são aqueles websites que anunciam no Google Adwords. Para estar lá, basta investir e criar uma campanha. Não tem mistério: o resultado é quase instantâneo – basta estar com uma campanha ativa do AdWords para aparecer lá. Eles são identificados com um campo em verde [Anúncio]

Os resultados orgânicos são listados abaixo dos anúncios no topo da pesquisa e em ordem de ranking para o termo de busca e é aí que entra o SEO.

O ranking de um website para o Google é calculado por diversos fatores, sendo os principais a relevância da página web (que pode ser a página inicial do seu e-commerce ou um dos seus produtos) em relação à palavra-chave sendo pesquisa e qual a autoridade daquela página.

A relevância em relação ao termo sendo pesquisado leva em consideração onde a palavra-chave sendo pesquisada está na página: títulos, subtítulos, textos, legendas das imagens e outros elementos dentro da página.

A autoridade de uma página tem como principal fator o número de vezes que ela é indicada por terceiros (ou seja, algum outro website com um link para ela). E aqui temos o segredo do Google: as indicações têm pesos completamente diferentes. Uma indicação de um site que por si só não tem um ranking alto, vale menos. Uma indicação de um site que tem um ranking alto, vale mais pontos.

O Google faz isso porque tenta simular a vida real. Se uma pessoa sem autoridade (alguém que você encontrou na rua) indica um local para jantar, você leva em consideração, mas até certo ponto. Se o presidente da república ou um ator famoso da Globo indica um local para jantar, aquela indicação terá um peso muito maior para você. Por isso que quanto maior o ranking do site que indica sua página, maior a pontuação que você terá.

Itens de experiência que o visitante tem na hora que entra no website também contam, como a velocidade de leitura da página e a porcentagem de pessoas que após entrarem naquele website visitam mais páginas dentro daquele website ou voltam para o Google imediatamente, indicando uma rejeição da pessoa em relação à palavra.

8.7.2 Por Onde Começar

Na verdade, nós já começamos, pois o primeiro passo em SEO é conhecer seu público-alvo, que já fizemos quando montamos o Avatar. Se você ainda não o fez, é uma tarefa obrigatória desse passo em diante.

Depois disso, usando a mesma técnica e ferramentas que usamos quando descobrimos nosso nicho, produto e concorrentes, precisamos listar as palavras mais comuns que levam para aquele nicho e para alguns produtos.

Por exemplo, talvez você, sua família e seus amigos se referenciem a calçados de plástico femininos abertos como "sandálias de plástico" e por isso mesmo você cadastrou seu produto dessa forma: "sandálias de plástico Tip Top Premium". Mas quando você analisa pelo Adwords Keyword Planner e outras ferramentas que mencionamos, você identifica que a grande maioria das pessoas quando quer encontrar esse tipo de calçado, faz pesquisas por "alpargatas vazadas de plástico". Adivinhe qual o primeiro passo então se você realmente cadastrou o produto daquela forma? Trocar o nome do seu produto para "Alpargatas Vazadas de Plástico Tip Top Premium".

Então, vamos à sua tarefa:

1) Encontre dez palavras que as pessoas pesquisam quando querem encontrar o seu nicho
2) Escolha seus quatro melhores produtos e liste cinco palavras que as pessoas estão usando para encontrar cada um dos seus produtos
3) Se estiver em dúvida de qual palavra escolher porque há muitas, escolha a de maior concorrência e maior CPC (Custo por Clique)

A tabela ficaria como abaixo:

	Nicho	Produto 1	Produto 2	Produto 3	Produto 4
Palavra 1	Pesquisar	Pesquisar	Pesquisar	Pesquisar	Pesquisar
Palavra 2	Pesquisar	Pesquisar	Pesquisar	Pesquisar	Pesquisar
Palavra 3	Pesquisar	Pesquisar	Pesquisar	Pesquisar	Pesquisar
Palavra 4	Pesquisar	Pesquisar	Pesquisar	Pesquisar	Pesquisar
Palavra 5	Pesquisar	Pesquisar	Pesquisar	Pesquisar	Pesquisar
Palavra 6	Pesquisar				
Palavra 7	Pesquisar				
Palavra 8	Pesquisar				
Palavra 9	Pesquisar				
Palavra 10	Pesquisar				

Guarde o resultado. Em seguida usaremos o resultado.

Tente sempre refazer esse exercício no mínimo a cada dois meses. Sempre analise novamente o nicho, verificando se as palavras escolhidas continuam válidas, revalide um ou dois produtos e tente adicionar um ou dois produtos na pesquisa. Pare assim que chegar nos seus 20 principais produtos, porque além desse número, sem uma equipe dedicada para SEO, o trabalho começa a ficar muito complexo e não queremos que você foque somente em SEO.

8.7.3 On-Page vs Off-Page

Existem duas técnicas de aumentar o ranking do seu e-commerce.

On-Page engloba as técnicas que você consegue fazer dentro do seu e-commerce, ou seja, você não precisa ter uma parceria ou falar com outras pessoas para conseguir fazer.

Off-Page engloba as técnicas que você precisa trabalhar fora do seu website, como parcerias e criação de conteúdo por terceiros.

Como mostra a figura acima, a importância do off-page é muito maior para o Google, mas para que essa funcione, o On-Page deve ser bem configurado, ou seja, uma depende da outra.

Vamos entender as ações básicas de cada uma delas.

8.7.4 O Básico do On-page

Como falamos, SEO é uma ciência em si. A intenção aqui é cobrir os pontos mais importantes e que consideramos essenciais para que você melhore o ranking do seu e-commerce pensando em Pareto (ou seja, os 20% de esforço que trarão 80% dos resultados).

8.7.4.1 Descrição da Loja Virtual

Na descrição da sua loja virtual, dentro da plataforma de e-commerce, utilize os dois principais termos da tabela (que você criou acima) que levam para o seu nicho. Se possível, tente usar outras palavras da sua tabela – quanto mais melhor. Mas lembre-se que a clareza deve vir antes de tudo. O texto deve fazer sentido.

Lembre-se ainda que o nome da loja aparecerá em TODAS as páginas, não só na *home page*. Então, coloque um texto que identifique muito bem seu nicho e utilize palavras com a maior procura possível. O texto tem que ser curto, portanto cuidado na escolha das palavras.

Exemplo: "Super Bonecas – a loja de bonecas famosas como barbie, Carinha de Anjo e muito mais!"

Dados da loja

Nome da sua loja	
Nome da loja no <title>	
Descrição da sua loja	

8.7.4.2 Título do Produto

O título do produto obrigatoriamente deve usar o termo mais frequente que as pessoas utilizam quando buscam aquele produto. O título do produto, junto com a URL, é um dos principais itens levados em consideração pelo Google para analisar a relevância da palavra dentro da sua loja virtual.

Nome do produto

Boneca Barbie

O exemplo da Alpargata Vazada de Plástico que demos anteriormente ilustra muito bem essa situação.

Praticamente toda plataforma de e-commerce possui uma seção para você colocar Meta Tags para sites como o Google. Geralmente temos ao menos três tipos de Meta Tags que a plataforma expõe para customização:

1) Tag Title: o título do produto para o Google;
2) Meta Tag Description: a descrição do produto para o Google;
3) Meta Tag Keywords: palavras-chave relacionadas com o produto.

Tente SEMPRE preencher esses campos.

Ah, se você por algum acaso achar muito "feio" a forma como as pessoas estão pesquisando aquele produto, uma opção é deixar o título visível como a forma que você quer chamar, e colocar no Tag Title a forma que as pessoas estão encontrando aquele produto. Mas utilize essa técnica em último caso, pois o Google é esperto o suficiente para saber que você fez isso (porque o título visível é um *heading* em HTML) e pode diminuir um pouco a relevância da sua página para aquela palavra-chave. Mas funciona 😊.

8.7.4.3 URL do Produto

Deve ser o mais parecido com o título possível. A grande maioria das plataformas de e-commerce permitem URLs amigáveis – use e abuse dessa funcionalidade.

https://www.ferragensreunidas.com.br/boneca-barbie-xyz

Nova URL:

boneca-barbie-xyz

8.7.4.4 Texto do Produto

Na descrição do seu produto, utilize as outras palavras que você verificou que as pessoas utilizam quando pesquisam por aquele produto. Não force a barra – a descrição tem que fazer sentido antes de mais nada, mas tente o máximo possível usar os termos principais de busca.

8.7.4.5 Imagens dos seus produtos

Tente renomear a foto dos seus produtos antes de enviar para a plataforma de e-commerce. Novamente, utilize a tabela que você criou e renomeie para as palavras-chave mais importantes do seu produto. Tente usar ao menos duas variações, assim você aumenta a chance de sua foto ser apresentada na pesquisa de imagens do Google.

Informações principais

Máx. 10 imagens. Tamanho máx. **3MB**. Para maior qualidade envie imagens no formato **JPG**.

| Escolher arquivos | Nenhum ar...lecionado

8.7.4.6 Google Search Console

O Google irá descobrir seu e-commerce – mais cedo ou mais tarde. O problema é que você não sabe quando e nem se ele vai encontrar todas os produtos e páginas do seu Website da maneira que você deseja.

Portanto, não espere, diga ao Google que você exista e a estrutura do seu e-commerce. Para tanto, o primeiro passo é entrar no Google Search Console e adicionar seu e-commerce lá.

O processo é simples:

1) Acesse https://www.google.com/webmasters/tools/?hl=pt-br
2) Crie uma conta se necessário
3) Dentro do Google Search Console, o primeiro passo é adicionar a propriedade
   a. Clique no botão "Adicione uma Propriedade"

   b. Digite o endereço do seu website (tente colocar o endereço com https:// se o seu e-commerce estiver disponível dessa forma)
   c. Confirme que você é realmente dono daquele website escolhendo o método de confirmação mais fácil para você. Eu geralmente escolho a Tag HTML (na aba Métodos Alternativos) ou o Provedor de nome de domínio (também na aba Métodos Alternativos)

Pronto – o Google já sabe da sua existência, agora você precisa indicar a ele quais páginas e imagens têm no seu Website. Para isso, use o SiteMap.XML se sua plataforma disponibiliza um.

8.7.4.7 SiteMap.XML

SiteMap.XML é um arquivo que contém todas as páginas e imagens do seu website. Praticamente todas as plataformas de e-commerce geram isso automaticamente para você.

Na Loja Integrada, por exemplo, basta você acessar https://www.SUALOJA.com.br/sitemap.xml

Caso não possua, aconselho fortemente você adicionar as páginas manualmente no Google Search Console e pensar em mudar de plataforma de e-commerce.

De posse do SiteMap.XML, acesse a página inicial do Google Search Console, clique no link da propriedade que você acabou de cadastrar e clique em adicionar Sitemap.

Esse passo garante a você que o Google será sempre informado de qualquer produto novo ou alteração em seu e-commerce.

8.7.4.8 Tempo de Leitura da Página

O Google leva em consideração a performance do seu e-commerce. Como você provavelmente está usando uma plataforma de e-commerce pronta, você não tem muito o que fazer nesse sentido – a não ser trocar de plataforma se a plataforma lhe deixar muito lento.

Uma pesquisa indicou que cada segundo extra de espera após dois segundos você perde em média 7% de conversão, pelo simples fato das pessoas não terem mais paciência de esperar.

8.7.5 O Básico do Off-Page

Como o próprio nome diz, Off-Page é fora do seu site. Basicamente estamos falando de:

1) **Link Building**: ou seja, ter outros websites apontando para seu e-commerce. Isso se consegue principalmente através de parcerias (com blogueiros de destaque e artigos de jornais) e *guest posts* (você escrever em blogs de terceiros falando de algum assunto relacionado ao seu nicho e já apontando para sua loja). Aqui estamos falando de blogs e websites que possuem bastante acesso e autoridade. Muito pouco adianta um link apontando para o seu site vindo de um blog que ninguém acessa. O Google sabe disso e, embora adicione valor ao seu ranking, a adição será mínima. Já se vier de um blog ou de um jornal com milhões de acessos mensais, você terá um aumento bem maior em seu ranking.

2) **Redes Sociais**: ter uma boa página (e com bastante seguidores) no Facebook, Instagram, Google+, Twitter, etc. No início, escolha no máximo duas redes sociais para investir se você ainda não tem equipe. Isso já vai lhe tomar um bom tempo.

8.7.6 Melhoria Contínua

O trabalho com SEO nunca para. Você precisa estar constantemente monitorando palavras-chaves e trabalhando em parcerias de autoridade para que seu ranking suba gradativamente. Portanto, prepare-se para voltar a esse capítulo mais de uma vez.

Antes de entrar no método, precisamos explorar alguns itens que são essenciais para que você entenda todo o processo de marketing e venda.

Já falamos um pouco sobre porque alguém compra um produto online e não em uma loja física: comodidade e preço.

Sendo comodidade o principal fator (já falaremos do preço), precisamos ter certeza que passamos para o cliente a sensação de comodidade. Isso ocorre por diversos fatores, sendo que já vimos alguns tais como segurança, foto, descrição, manual do produto, fácil navegação e alguns outros que não vimos ainda, afinal, tocamos até agora somente em fatores que ocorrem <u>após</u> o cliente chegar na sua loja. Mas o cliente <u>precisa chegar na loja virtual</u>...

Nesse capítulo, começaremos a explorar os fatores externos ao website do seu e-commerce e a conclusão da ação dentro dele: tudo tem que estar interligado em uma estratégia 360 graus ou o cliente pode desistir no elo mais fraco da cadeia. E qual é o elo mais fraco? Aquele que faz o cliente perder o que lhe fez chegar até ali.

9.1 Tipos de Clientes

Você terá basicamente 5 tipos de clientes que irão visitar e comprar na sua loja:

1. **Cliente Potencial:** esse tipo de cliente está no estágio inicial do seu funil de vendas. Tão inicial que ele praticamente ainda não pode ser considerado seu cliente. Entretanto, se você cuidar dele e mostrar o que ele precisa, ele será seu cliente ali na frente. Como ele já demonstrou interesse em seu nicho e/ou no seu e-commerce em si, ele já é diferente e deve, portanto, ser tratado de forma única. Vamos chama-lo de *Paulo Potencial*. Todos os Paulos Potenciais merecem:
    - **Newsletter**: tenha um canal para que o Paulo deixe seu e-mail e/ou seu outro tipo de contato (por exemplo via Messeger do Facebook). Mas não deixe de fazer campanhas de e-mail. Explicaremos mais sobre isso adiante;

- Conteúdo de Valor: mostre para ele que você entende do assunto que você vende. Se você é um e-commerce de artigos de festa, envie artigos sobre como organizar festas baratas; se é um e-commerce sobre roupas de ciclismo, envie artigos sobre como ser mais efetivo em suas pedaladas e sobre treinos de montanha;
- Mostre seu valor: tenha certeza de abrir o canal de comunicação e mostre o quanto sua loja pode lhe dar muito mais atenção e diferencial do que uma grande loja que não diferencia o cliente 123 do 124. Ele nunca será um número para você (ok, um dia será, quando você for maior, mas não conte isso ainda ao seu cliente 😊)

2. **Novo Cliente:** são aquelas pessoas que acabaram de comprar algo de você. Antes de receber seu produto, existe toda uma expectativa relativa ao recebimento do seu produto. Você deve sempre superar a expectativa que foi criada – sempre. Se você não está fazendo isso ainda (seja pelo pacote, pelo atendimento, pelo follow-up após a compra ou tudo junto), você precisa começar a fazê-lo, pois esse é o tipo mais importante de cliente que existe – não porque ele fez a compra, mas sim porque adquirir um novo cliente custa em média 10 vezes mais caro do que fazer a mesma pessoa comprar outros produtos seus. Vamos chama-lo *Natanael Novo*. Como agir com eles?
   - **Deixar as portas abertas:** não perca o contato. Esteja constantemente enviando novas ofertas, preferencialmente relativas à categoria de produtos que ele comprou;
   - **Guia para o sucesso:** ensine ele a ter sucesso com o produto que comprou. Se comprou uma bolsa, talvez enviar um guia das roupas que combinam com certos tipos de bolsa venha a calhar. Se comprou um aparelho de música, talvez um guia sobre como usar uma função Karaokê e se divertir com a família. Enfim, seja criativo porque ninguém quer perder o Natanael Novo.

3. **Cliente Impulsivo:** o Ivã Impulsivo, como chamaremos esse tipo de cliente, é sensacional. Atraído por ofertas, muitas vezes é tão impulsivo que não consegue comparar os preços. Quem não adora o Ivã? Ele pode tomar a decisão de comprar um produto em uma fração de segundo e

não precisa de muito convencimento para realizar a compra. O que ele precisa é de escassez – seja de disponibilidade de produtos, seja de tempo para comprar, seja de validade da oferta. Todo Ivã Impulsivo merece:

- o **Escassez:** essa arma para esses clientes não é só necessária, mas essencial. Escassez pode vir de diversas formas, se vier em mais do que um formato ao mesmo tempo, melhor ainda;
- o **Caminho livre para o checkout**: nada deve atrapalhar o Ivã na hora da compra. O checkout não deve perguntar coisas que ele precise se levantar para pegar, pois ele pode perder a impulsividade. Por isso mesmo que falamos na hora de montar a loja que o checkout deve ser simplificado;
- o **Rapidez e objetividade:** se Ivã lhe perguntar alguma coisa, responda com poucas palavras e objetivamente.

4. **Caçador de Descontos:** esse tipo de cliente está sempre em busca de um bom preço e conhece muito bem o preço dos seus concorrentes. Ele muitas vezes está buscando informações extras para comprar, como garantia, manual de uso, espessura, etc. Além disso, ele precisa saber de TODOS os mínimos detalhes da sua oferta. Só assim ele ficará seguro e fará a compra com você e não com seu concorrente. O Cássio Caçador é um cliente difícil em situações normais, mas é ideal para grandes promoções e para cupons de desconto. Ele não só irá comprar de você, mas também – após garantir que já conseguiu a oferta – será seu aliado divulgando o cupom com seus amigos. Todo Cássio merece:

- o **Cupons de Desconto:** crie promoções com cupons de desconto;
- o **Detalhes da Oferta**: ele precisa de todo o tipo de informação: tempo de entrega, se a disponibilidade é imediata (mesmo se você só venda produtos assim, ele gosta de ver isso em seu produto em oferta), taxa de juros, parcelas, etc.;
- o **Cereja do bolo**: para que o Cássio Caçador continue sendo seu cliente, você precisa de algo que ele não encontra em outros lugares – um atendimento diferenciado, um manual exclusivo do produto – algo que lhe faça pensar que ali é o lugar certo para comprar.

5. **Cliente Leal**: chegamos na Léa Leal: nossa melhor cliente. Mas não se engane. A lealdade pode ir por água abaixo se você não alimentar essa relação. Se você não pisar na bola, ela fará propagando boca-a-boca da sua loja e lhe ajudará a crescer muito. Como lidar com a Léa Leal?
   - **Aprenda com ela**: entenda porque ela gosta tanto de você para que você consiga replicar com outros clientes. Muitas vezes achamos que os clientes compram de nós por um motivo, mas quando analisamos as "Léas" aprendemos que estávamos completamente enganados;
   - **Dê a ela ferramentas**: quando possível, ajude-a a espalhar essa lealdade e amor que tem pela sua loja e seus produtos. Estudo de caso é uma forma (se for B2B) e depoimento é outro (se for B2C), para citar algumas das formas de ajudar a Léa nessa missão
   - **Trate a Léa como VIP:** lhe dê descontos especiais que você não dá aos outros – cultive essa relação. Quanto maior você ficar, mais necessário vai ser você criar um sistema de pontos para identificar as Léas em sua base de clientes.

Abaixo segue um resumo. Imprima e guarde essa página. Você deve se lembrar deles sempre.

Paulo Potencial

- Newsletter
- Conteúdo de Valor
- Mostrar seu Valor

Natanael Novo

- Portas Abertas
- Guia para o Sucesso

Ivã Impulsivo

- Gerar Escassez
- Checkout Simples
- Rapidez nas Respostas

Cássio Caçador

- Cupons de Desconto
- Detalhes da Oferta
- Cereja do Bolo

Léa Leal

- Aprender com Ela
- Dar Ferramentas
- Tratar como VIP

Agora que você sabe os tipos básicos de clientes e sabe que a estratégia que você usa para o Paulo é diferente da estratégia para atrair o Cássio, você começou a entender o primeiro pilar do Marketing 1PMV: atrair todos os tipos de clientes.

Muita, mas muita gente mesmo acaba focando somente no Paulo Potencial. Isso, embora funcione, não faz o custo do seu marketing diminuir com o tempo, ou seja, não permite você ter escala de vendas em sua loja virtual.

> **Regra 1.** *Tenha conteúdo e/ou campanhas para atrair todos os cinco tipos de clientes.*

Aliás, já vamos entrar mais a fundo em outros detalhes do 1PMV, mas como a pergunta pode estar na sua cabeça, aí vai a resposta: 1PMV vem de "1 Produto, Múltiplas Vendas". Segure a curiosidade quanto ao significado dessa frase, já vamos chegar lá.

9.2 Segmentação do Público

Uma outra divisão que você precisa ter em mente é a segmentação. De forma alguma tente vender seus produtos para todo mundo. Isso não funciona: o e-commerce não foi feito para isso.

Ao divulgar seus produtos para todo mundo, você divulga para quem usa e para quem não usa e nem se importa com seus produtos. Invariavelmente, haverá muito mais pessoas não querendo seu produto do que as que desejam. Empresas bilionárias de vez em quando saem dessa regra gerando campanhas de conscientização de uso de algo que as pessoas não sabem que querem – mas esse é um marketing muito específico e muito caro que está fora do escopo desse livro.

Sendo assim, tentar vender para todo mundo faz com que você tenha um marketing extremamente caro e extremamente ineficaz.

No 1PMV, invertemos esse jogo. Queremos ser o mais específico possível, mesmo que isso atraia clientes somente interessados em uma parte dos nossos produtos ou mesmo em um único produto. Depois que conseguirmos que o cliente chegue em nossa loja, o resto é mais "barato" e mais fácil.

Regra 2. O marketing deve ser o mais segmentado possível. Se ficar em dúvida entre restringir demais ou de menos, escolha sempre restringir mais no início até aprender qual a segmentação que funciona.

Segmentar aqui significa escolher, na hora de qualquer marketing pago, o público mais específico possível (no caso do Facebook e na Rede de Display do Google) e as palavras mais específicas possíveis (no caso da Rede de Pesquisa do Google Adwords). Veremos isso em mais detalhes nos capítulos 10 e 11.

Outro fator importante é a escolha de certos produtos como a pedra fundamental do seu marketing. Para tanto, devemos escolher de um a cinco produtos campeões e focar a maioria de nossas campanhas nesses produtos. É claro que não vamos focar só neles, pois precisamos sempre inovar e mostrar novidades, mas o produto campeão é uma arma poderosíssima para atrair clientes.

9.3 Os Produtos Campeões

Como escolher um produto campeão?

No início, a escolha começa através da análise que você fez no Capítulo 3, ou seja, levando em consideração quais os produtos mais "quentes". Junte a isso o fato que quando você fizer promoções, você consiga ter o mesmo preço ou até um pouco mais barato que o preço mais baixo dos seus principais concorrentes.

Se você não tiver nenhum produto com alta demanda e que você consiga ter uma boa margem para vender por um preço bastante competitivo, escolha o que chega mais perto, mesmo que sua margem para aquele produto fique baixa ou mesmo perto do zero quando você estiver em promoção por aquele preço mais competitivo.

O produto campeão tem a tendência de ser de uma marca famosa ou de estar muito "na moda", mas existem exceções.

Regra 3. Escolha de 1 a 5 produtos campeões, que são aqueles que tem uma atratividade natural do mercado e que você consegue vender por um preço bastante atrativo.

Após a escolha dos produtos campeões, devemos então revisar nosso Avatar, entender quais interesses do nosso Avatar levariam a comprar aqueles produtos e listar 10 vantagens desses produtos. Lembre-se que ninguém quer o produto por si só, mas sim o benefício que ele proporciona – e essa é outra grande sacada do 1PMV:

- Ninguém "compra" a ida à academia, mas sim o corpo sarado;
- Ninguém compra a roupa de couro de vaca, mas sim a beleza que ela proporciona ao usuário e a durabilidade;
- Ninguém compra a furadeira, mas sim o furo na parede;
- Ninguém compra um microfone bom, mas sim a capacidade de gravar sons exatamente da forma como foram tocados;

- Ninguém compra um violão, mas sim a experiência de tocar com os amigos e aprender música;
- Ninguém compra um celular com tela retina e câmera 13 Mpixels, mas sim excelentes fotos tiradas de seus filhos e de suas viagens e uma excelente visualização de fotos e filmes na palma da sua mão.

Os itens acima são obviamente apenas exemplos, podemos ter outros benefícios que levam aos mesmos produtos dependendo do ângulo que se olha o produto e do público-alvo.

A lista deve ser mais voltada para o benefício do que para o produto em si. Pense também em uma imagem que descreva o maior benefício que o seu Avatar teria usando aquele produto. Junte com a lista dos 10 benefícios por produto.

	Produto Campeão 1	Produto Campeão 2
SKU do Produto		
Nome do Produto		
Benefício 1		
Benefício 2		
Benefício 3		
Benefício 4		
Benefício 5		
Benefício 6		
Benefício 7		
Benefício 8		
Benefício 9		
Benefício 10		
Imagem Representativa		

Olhe agora para os produtos campeões - a lista de 10 benefícios de cada produto e a foto dele – pegue a definição do seu Avatar e pense qual seria o artigo (curto, digamos dois parágrafos) que você escreveria relativo aquele produto. Pronto, você tem a primeira campanha de marketing do seu primeiro produto desenhada.

Com isso, chegamos então à quarta regra do 1PMV:

Os produtos campeões devem ter, por razões óbvias, cuidados muito especiais. Produtos Relacionados é uma estratégia essencial para os produtos campeões. Muito do tráfego do seu e-commerce virá através dos produtos campeões, portanto, tenha a lista de produtos que possam interessar seu Avatar muito bem definida e listada.

Sua lista de controle agora já tem mais campos:

	Produto Campeão 1	Produto Campeão 2
SKU do Produto		
Nome do Produto		
Benefício 1		
Benefício 2		
Benefício 3		
Benefício 4		
Benefício 5		
Benefício 6		
Benefício 7		
Benefício 8		
Benefício 9		
Benefício 10		
Imagem Representativa		
Produtos Relacionados Relevantes para o Avatar		

Algumas plataformas de e-commerce permitem especificar exatamente quais os produtos relacionados com algum produto – um a um. A Nuvem Shop, por exemplo, no momento que estamos escrevendo esse livro, possui essa função gratuitamente.

Outras plataformas, como a Loja Integrada, necessitam que você pague uma taxa extra para isso (instalando um módulo extra) ou então separe os produtos relacionados em uma mesma categoria (fazendo com que a plataforma liste sem custo extra os produtos relacionados que seriam os que se encontram na mesma categoria).

Veja sempre se os produtos listados como relacionados aos seus produtos campeões são satisfatórios. E tenha a descrição e as foto dos seus produtos campeões impecáveis.

Você pode estar se perguntando porque usar a estratégia de um produto campeão. Vamos à resposta:

1. Naturalmente, alguns produtos serão sempre mais procurados que outros. Atrair tráfego através de produtos com alta demanda, é muito mais barato do que atrair com produtos sem essa atração que o público tem por eles;
2. Embora o primeiro passo seja atrair para o produto campeão, se o seu site for atrativo para seu Avatar, ele vai procurar outros produtos e possivelmente comprar produtos diferentes daquele ao qual ele foi atraído;
3. Você não consegue a mesma competitividade em todos os produtos. Por isso o produto campeão é aquele que ou você tem uma margem maior e pode deixa-lo muito bem colocado quanto ao preço de mercado ou, se não existe essa opção, é aquele que você escolhe para ter um lucro mínimo para atrair clientes e vender outros produtos;
4. A aquisição de cliente é o passo mais difícil para um e-commerce que recém-abriu, pois as pessoas ainda não conhecem e não confiam nele. Os produtos campeões, com sua normal atratividade de mercado e seu preço competitivo resolvem essa questão para quem está começando.

Regra 5. Planeje com bastante cuidado a Descrição, as fotos e os Produtos

Relacionados aos seus Produtos Campeões,
pois eles serão responsáveis por uma boa
parte de seus novos clientes no início de seu
e-commerce.

O nome do Marketing 1PMV (1 Produto, Múltiplas Vendas) vêm daí, dos produtos campeões, da sua relação com o Avatar da sua loja e do poder de atração de novos clientes. Mesmo que sua margem no início seja menor, precisamos de muitos clientes como o Natanel Novo.

Lembre-se sempre que a aquisição de um novo cliente é muito mais cara que a venda para um cliente que você já conquistou. Você pode perder um pouco em margem nos produtos campeões, mas ganha muito no preço de aquisição dos clientes.

9.4 Você não é a Fastshop

Repita comigo: "Não sou a Fastshop. Não sou a Americanas.com. Não sou a Dafiti".

Ótimo.

Repita novamente: "Não sou a Fastshop. Não sou a Americanas.com. Não sou a Dafiti".

Não leve a mal. Eu adoro a Fastshop e o marketing que ela faz, mas é simplesmente impossível fazermos um marketing igual ao dela. Precisaríamos de muito dinheiro para que funcionasse. E não temos tanto capital no início, certo?

Então, esqueça tudo o que você viu no Facebook e no Google, pois 98% do Marketing que chega até você é dessas grandes lojas e por isso mesmo que as pessoas quando abrem seus e-commerce tendem a imitá-los para então perceber que os custos de marketing superam sua margem e entrar em uma espiral de tentativa e erro que pode terminar no encerramento das operações antes que elas descubram a forma certa para vender.

Se você seguiu os passos do E-Commerce Vencedor até aqui, você já está distante da maioria dessas lojas virtuais que deram errado, pois iniciou com um nicho bem específico, um produto com demanda, conhece muito bem seu Avatar, criou sua loja pensando nele, sabe que quem compra um produto compra o benefício e não o produto em si e agora está entendendo que precisa ser bastante específico no marketing e usar produtos campeões para conseguir seus primeiros clientes.

Posso dizer tranquilamente que você já está nos *top* 10% dos e-commerce em termos de chance de sucesso. Mas queremos muito mais que isso – queremos estar nos top 1%, ou seja, ser melhor que 99% de todas as outras lojas virtuais. E isso vai acontecer nesse capítulo e nos demais...

9.5 Marketing de Conteúdo

Para se diferenciar ainda mais da estratégia dos demais você precisa fazer marketing de conteúdo. Marketing de conteúdo é o tipo de marketing que gera conteúdo de qualidade para o seu Avatar relativo ao nicho que você trabalha.

Por exemplo, se o seu e-commerce vende produtos para festas infantis, isso significa que o seu Avatar é uma pessoa que muito provavelmente faz, quer fazer, ou está ajudando a organizar uma festa infantil. Portanto, exemplos de marketing de conteúdo nesse exemplo poderiam ser:

1. Como fazer uma festa inesquecível para seu filho e não gastar muito dinheiro
2. Saiba os três segredos das festas infantis
3. Dez usos dos balões de hélio
4. Decorando o bolo de aniversário do seu filho
5. Os cinco produtos que as crianças de seis a oitro anos simplesmente amam
6. O Fidget Spinner como lembrança de festa

Esse conteúdo pode ser disponibilizado em um blog ou na própria página do Facebook. A estratégia mais fácil e direta hoje é disponibilizar no próprio Facebook, que é o que vamos cobrir nesse livro. Mas também é possível para quem tem conhecimento e quer gerar um relacionamento de maior abrangência criar um blog e referenciar as postagens do blog no Facebook.

Isso com o tempo faz com que as pessoas sigam sua página porque se interessam pelo assunto e então naturalmente acabem comprando seus produtos.

A regra de ouro aqui é gerar 70% de conteúdo e 30% de anúncios de vendas.

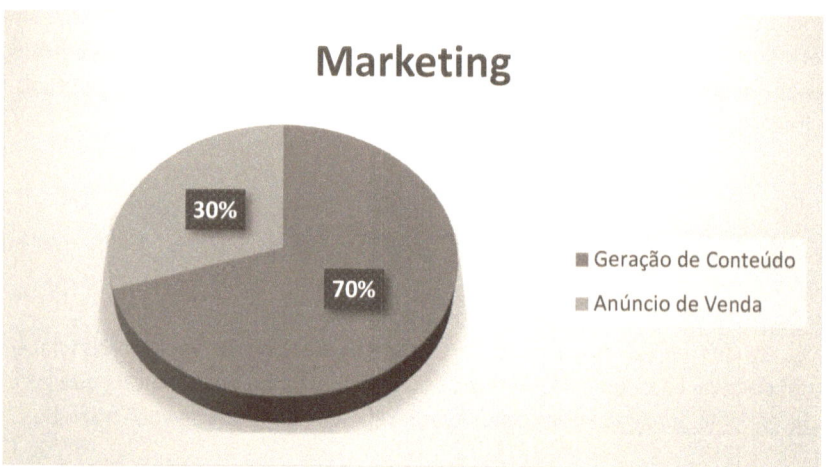

Quanto à frequência, a regra é o mais frequente que você conseguir. Se conseguir somente uma vez por semana, ok. Se conseguir três vezes por semana, melhor. Se conseguir diariamente, melhor ainda.

No início você verá que postar uma vez por semana já será um desafio. Aos poucos, quando você se acostumar e as tarefas iniciais do seu e-commerce já tiverem terminado, aumentar a frequência será natural.

Do marketing de conteúdo, tente focar 25% no uso dos seus produtos campeões.

Marketing de Conteúdo

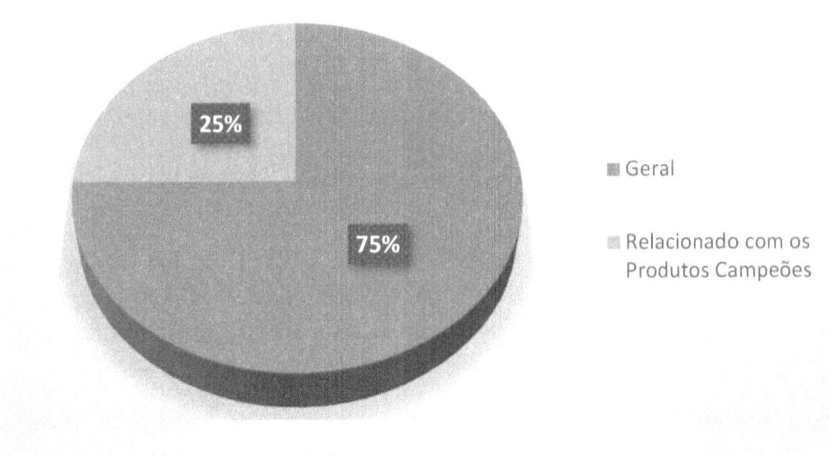

■ Geral

■ Relacionado com os Produtos Campeões

9.6 O Poder do E-Mail

Existem dois tipos de listas de clientes que você pode ter: as que você tem controle e as que você não tem controle.

A Lista de clientes em redes sociais (as pessoas que seguem sua página, por exemplo) pertence ao Facebook e ele pode trocar as regras e até não permitir mais o acesso a essa lista a qualquer momento.

Há alguns anos atrás, o Facebook fez exatamente isso – mudou a forma como as postagens eram exibidas para quem seguia a página, e fez com que apenas de 1% a 3% das pessoas vissem aquele conteúdo se ele não fosse impulsionado (patrocinado). Muita gente que só confiava no Facebook teve um grande problema e algumas até foram a falência, pois demoraram muito para reagir e já tinham uma estrutura muito pesada para manter, fazendo com que a queda de vendas não fosse absorvida.

Fora isso, o Facebook de tempos em tempos gera restrições de conteúdo. Hoje mesmo, se você tem um e-commerce que vende produtos de emagrecimento, aprovar anúncios já é uma tarefa bem complexa. Dependendo da palavra que você usa e da forma que a frase é construída, seu anúncio será reprovado. Se reprovado muitas vezes, sua página pode ser suspensa e mais tarde até ser banida para sempre.

Ninguém sabe qual será a próxima restrição, mas pode sim afetar seu nicho...

Por isso que listas do YouTube, Facebook, Twitter, Instagram, etc podem ser excelentes, mas deixam você à mercê dessas plataformas.

Essa é uma das razões que a lista de e-mail de clientes é tão importante: ela é completamente independente e lhe pertence. Você escreve e-mail na hora que você quer, com o conteúdo que você quer e segmenta da forma que você bem entende. Ou seja, é uma das únicas listas que você tem controle total.

Mas essa não é a principal razão da importância da lista de e-mail de clientes. Se você mantém sua lista aquecida, ou seja, gerando conteúdo de valor toda semana, suas maiores vendas serão através de promoções enviadas via e-mail para seus clientes.

Isso porque quem decide entregar o e-mail para uma loja online já demonstra um bom interesse, e mais tarde essa lista vai ficando recheada de pessoas que já compraram em seu e-commerce.

A melhor forma de captar o e-mail dos seus clientes é propor um cupom de desconto (pode ser de 10%) em troca do e-mail dele. Geralmente isso funciona com uma *popup* exibindo uma mensagem como "Quer ter desconto instantâneo de 10%?" e uma caixa pedindo o e-mail. Quando o cliente fornece o e-mail, é então exibida uma mensagem com o cupom de desconto para o cliente usar.

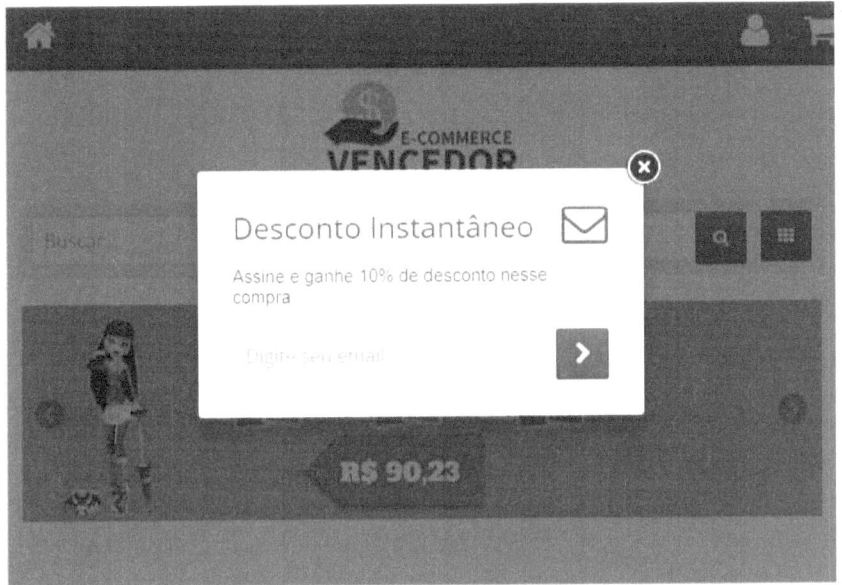

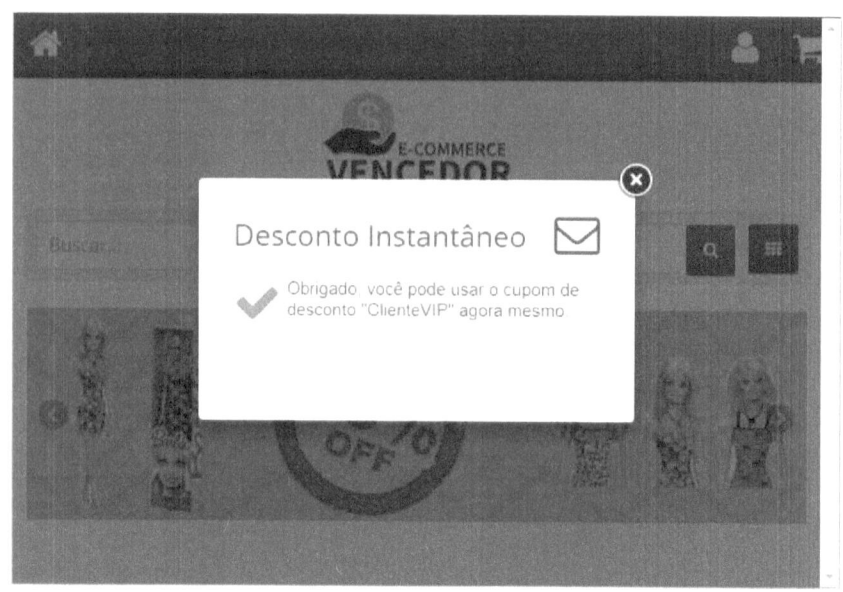

Regra 7. Capture o e-mail dos seus clientes desde o início da sua operação, oferecendo um cupom de desconto em troca do e-mail dos seus clientes.

Algumas plataformas, como a Loja Integrada, permitem fazer isso sem nenhuma ferramenta externa. Outras terão que usar conexões com serviços de *popup* especializados como o OptinMonster.

Na Loja Integrada, basta configurar um Cupom de Desconto e mais tarde em Marketing → Newsletter, configurar a *popup* da seguinte forma:

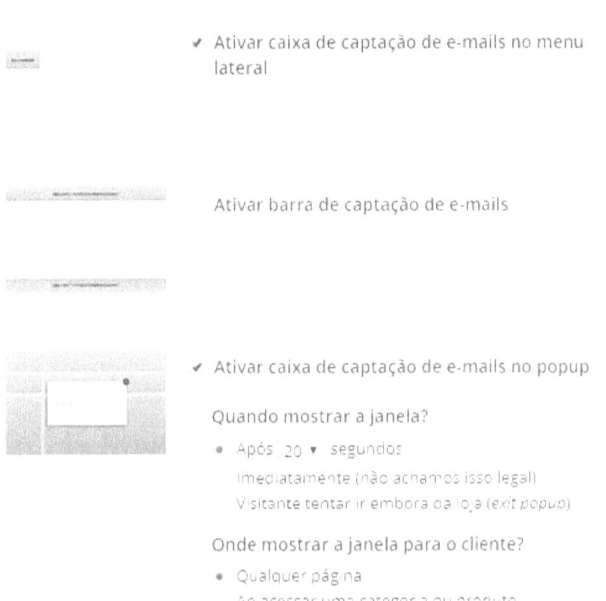

✔ Ativar caixa de captação de e-mails no menu lateral

Ativar barra de captação de e-mails

✔ Ativar caixa de captação de e-mails no popup

Quando mostrar a janela?

- Após 20 ▼ segundos
  Imediatamente (não achamos isso legal)
  Visitante tentar ir embora da loja (*exit popup*)

Onde mostrar a janela para o cliente?

- Qualquer página
  Ao acessar uma categoria ou produto
  Ao acessar o carrinho ou checkout

9.7 Revisando as Regras Até Aqui

Vejamos então as regras do Marketing 1PMV apresentas até então. Teremos ainda mais regras, pois o método 1PMV é um método evolutivo, mas pela complexidade e relevância, vale um resumo do que já foi apresentado até aqui.

 Regra 1. Tenha conteúdo e/ou campanhas para atrair todos os cinco tipos de clientes

 Regra 2. O marketing deve ser o mais segmentado possível. Em dúvida entre restringir demais e de menos, escolha sempre o mais restrito no início até aprender qual a segmentação que funciona.

 Regra 3. Escolha de 1 a 5 produtos campeões, que são aqueles que tem uma atratividade natural do mercado e que você consegue vender por um preço bastante atrativo.

 Regra 4. Tenha a lista dos benefícios que os produtos campeões trazem ao seu Avatar e crie campanhas baseadas nesses benefícios, sempre utilizando imagens representativas desses benefícios.

 Regra 5. Planeje com bastante cuidado a Descrição, as fotos e os Produtos Relacionados aos seus Produtos Campeões, pois eles serão responsáveis por uma boa parte de seus novos clientes no início de seu e-commerce.

 Regra 6. 70% do seu marketing será de conteúdo e apenas 30% anúncios de produtos. Escreva com a maior frequência que conseguir.

 Regra 7. Capture o e-mail dos seus clientes desde o início da sua operação, oferecendo um cupom de desconto em troca do e-mail dos seus clientes.

9.8 Marketing 360 Graus

Marketing 360 grau, basicamente, significa ter a mesma identidade visual da promoção em destaque na sua loja em todos os lugares que o seu cliente navega:

1. Sua loja virtual (principalmente os banners)
2. Sua página do Facebook (capa e postagens naquela semana)
3. E-Mail Marketing (título e mote do e-mail)
4. Blog, YouTube ou outros canais que você tenha relação com ele

Isso faz com que suas campanhas ganhem muito mais força, pois a identidade visual gera um conceito de familiaridade com a loja e os produtos em promoção.

Esse detalhe gera uma boa quantidade de trabalho, mas faz uma grande diferença.

Regra 9. Tenha uma identidade visual 360 graus de suas campanhas de marketing.

9.9 Mesmo Lugar para as Promoções

Tenha um Menu que identifique facilmente os produtos em promoção naquela semana. Você pode colocar "Super-Promoções", "Outlet" ou qualquer outro termo que facilmente identifique a oportunidade, mas ele deve estar lá.

Em termos práticos, na maioria das plataformas prontas, isso vai significar criar uma categoria específica para esses produtos na promoção de destaque e ligar aquele item de menu para a listagem dos produtos daquela categoria.

Regra 10. Tenha um item de menu que
facilmente identifique os produtos na
promoção especial daquela semana

9.10 O CAC

Quando você inicia, ninguém conhece você e, por isso mesmo, o Custo de Aquisição de Cliente (CAC) tende a ser elevado, reduzindo sua margem de lucro. Embora dependa muito do seu nicho e quantas vezes em média as pessoas compram os mesmos tipos de produtos – com o passar do tempo, se você seguir o que estamos falando aqui – você terá cada vez mais seguidores em sua página do Facebook, mais visitantes recorrentes em seu e-commerce e uma lista de e-mail de clientes cada vez mais "gorda".

Isso faz com que o CAC se torne tolerável depois de um tempo e então baixe ainda mais a ponto de sua margem lhe dar um lucro que você possa tirar parte e reinvestir outra parte em seu marketing.

Esse é o chamado ciclo virtuoso da venda e ele permite que você alcance uma boa quantidade de clientes somente usando essa estratégia.

Mesmo assim, muitas vezes queremos acelerar a redução do CAC. Se você tem uma margem boa para seus produtos, uma das opções bastante rentáveis que temos são os Marketplaces.

Marketplace é basicamente um e-commerce que permite que outras pessoas jurídicas vendam produtos dentro dela. A Amazon é o maior Marketplace do mundo. No Brasil, temos grandes nomes já como a Dafiti, o Walmart, o Submarino, o Ponto Frio, o Extra e a Americanas.com, entre outros. O próprio Mercado Livre é um Marketplace, mas funcionando um pouco diferente dos outros, pois o nome e a pontuação do vendedor são fatores muito mais relevantes do que o produto em si, fato que em Marketplaces como a Dafiti, Walmart e Americanas.com isso não é evidente.

9.11 Marketplaces

Eu aconselho estar ao menos uns dois meses vendendo para que você já tenha dominado o básico do processo: já saiba gerar nota fiscal, entregar o produto, atender o cliente, etc.

Após isso, uma ótima opção é entrar em um (ou mais) Marketplaces que tem ligação com o seu nicho de atuação.

Um Marketplace geralmente vai lhe cobrar uma porcentagem por venda – em média de 16% - mas em troca, você não precisa gastar dinheiro com o marketing dos produtos lá, pois está "incluído", visto que o produto está em um e-commerce com centenas de milhões de acessos por mês. Então, muitas vezes vale à pena.

Para entrar em um Marketplace, você pode optar por fazer um contrato com ele individualmente ou então via um integrador (como o oList.com, que encurta o processo e ainda torna possível a integração com diversos Marketplaces ao mesmo tempo).

Indico fortemente entrar em ao menos um Marketplace compatível com seu nicho. Vai fazer toda a diferença...

Uma pergunta bastante frequente é: e o Mercado Livre? É uma opção um pouco diferente dos outros Marketplaces, mas há bastante pessoas que alcançam um sucesso razoável de vendas. O problema do Mercado Livre é a forma que os produtos são expostos, diretamente ligados ao vendedor, fazendo com que a pontuação do vendedor seja um ponto crucial e um fator decisório do consumidor final. Por isso mesmo, demora mais para você arrancar. Também existe o fato de que o consumidor do Mercado Livre tende a estar lá em busca de preço – ou seja, você precisa ser muito competitivo no preço do seu produto.

O primeiro problema – de pontuação – pode ser resolvido via oList, que vai lhe emprestar autoridade vendendo os produtos através da conta dela. O segundo problema – o preço – já não é tão fácil de resolver para algumas pessoas. A decisão é sua, mas analise muito bem esses fatores.

E quais produtos colocar? Você pode optar por colocar todos ou somente aqueles produtos com maior margem no início. Aqui outra dica: tente inicialmente colocar seus produtos com maiores margens, pois em média 15% ficará "no caminho" devido à taxa da venda do Marketplace.

Regra 11. Depois de dois meses de funcionamento, escolha um ou mais Marketplaces e comece a vender por lá seus produtos com maiores margens

---

9.12 Todas as Regras do 1PMV

Regra 1. Tenha conteúdo e/ou campanhas para atrair todos os cinco tipos de clientes

Regra 2. O marketing deve ser o mais segmentado possível. Em dúvida entre restringir demais e de menos, escolha sempre o mais restrito no início até aprender qual a segmentação que funciona.

Regra 3. Escolha de 1 a 5 produtos campeões, que são aqueles que têm uma atratividade natural do mercado e que você consegue vender por um preço bastante atrativo.

Regra 4. Tenha sempre três benefícios que os produtos campeões trazem do seu produto e crie campanhas baseadas nesses benefícios, sempre utilizando uma imagem central atrativa.

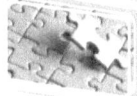
Regra 5. Planeje com bastante cuidado a descrição, as fotos e os produtos Relacionados aos seus Produtos Campeões, pois eles serão responsáveis por uma boa parte de seus novos clientes no início de seu e-commerce.

Regra 6. 70% do seu marketing será de conteúdo e apenas 30% anúncios de produtos. Escreva com a maior frequência que conseguir.

Regra 7. Capture o e-mail dos seus clientes desde o início da sua operação, oferecendo um cupom de desconto em troca do e-mail dos seus clientes.

Regra 8. Planeje e documente sua campanha de marketing, tendo em mente os tipos de clientes, os produtos campeões, as segmentações e o funil de vendas.

Regra 9. Tenha uma identidade visual 360 graus de suas campanhas de marketing.

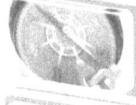
Regra 10. Tenha um item de menu que facilmente identifique os produtos na promoção especial daquela semana

Regra 11. Depois de dois meses de funcionamento, escolha um ou mais Marketplaces e comece a vender por lá seus produtos com maiores margens

CAPÍTULO 10: MARKETING NO FACEBOOK PARA SEU E-COMMERCE

Nesse capítulo entraremos na prática do Marketing Digital para sua Loja Virtual. Lembre-se que você precisa ter sempre uma ciência total e completa da margem de cada produto (após todos os custos, ou seja, produto, embalagem, custos financeiros e impostos). Isso será importante porque você terá que saber quanto seu marketing está "comendo" dessa margem e ir se ajustando.

É importante lembrar também que o marketing digital irá sim pegar uma grande parte da sua margem no início de suas operações, pois ninguém conhece você. É por isso mesmo que aconselhamos fortemente no capítulo 9 entrar depois de uns dois meses de operação em um Marketplace, pois lá geralmente o CAC (Custo de Aquisição de Cliente) será menor que o do seu marketing digital até que você tenha uma certa quantidade de clientes.

10.1 Facebook Business vs Normal

Existem duas formas de você usar o Facebook. A primeira é simplesmente usar a interface do Facebook que você sempre acessa pessoalmente e impulsionar suas publicações por lá. É a forma mais simples, mas ao mesmo tempo menos poderosa, pois você perde uma série de controles que você tem acesso usando o Facebook Business.

A segunda forma, que aconselhamos, é usar o Facebook Business. Para tanto, apenas cadastre a mesma conta no Facebook Business (business.facebook.com). Depois de criar a conta no Facebook Business, você terá que criar um Negócio e criar uma Conta de Anúncio. Se sua página do Facebook já existir, você então deve aprovar o acesso da sua conta do Facebook para aquela conta de anúncio. São quatro passos, mas feitos uma vez só.

Para configurar os pagamentos, você deve acessar o menu principal → Configurações → Faturamento e formas de pagamento. Você pode cadastrar seu cartão de crédito pessoal ali – essa é geralmente a forma mais fácil até você ter um gasto com marketing digital maior (que ocorrerá à medida que você for vendendo mais).

10.2 Níveis do Facebook

Após o acesso ao Facebook Business, o primeiro passo é criar uma página corporativa no Facebook (se você ainda não criou), que veremos em seguida. Isso é necessário porque as páginas comuns de pessoas têm um limite de conexões e funcionam de forma diferente de uma página corporativa, onde as publicações são por padrão públicas e você pode ter milhões de pessoas seguindo a página da sua empresa. Por exemplo, uma pessoa não vai pedir para ser "amigo" da sua página, mas sim segui-la.

Mas antes de chegar lá, precisamos explicar alguns conceitos básicos:

1. Público: é o alvo dos seus anúncios, ou seja, quem verá aquele anúncio. Nos aprofundaremos em públicos em sessões específicas desse capítulo;
2. Campanha: é o nível mais alto da sua publicidade. Na prática, você terá uma campanha por cada grande objetivo, que geralmente para um e-commerce se resume em:
   a. Conversões
   b. Envolvimento de Publicação (interação com uma publicação)
   c. Curtidas na página (não aconselhamos rodar esse tipo de campanha)
   d. Leads
3. Conjunto de Anúncios: é o segundo nível da sua publicidade. Geralmente você terá aqui ao menos um conjunto de anúncios para cada público afetado, pois o público é definido nesse nível. É aqui também que o orçamento diário é definido.
4. Anúncio: é o nível mais baixo de sua campanha, ou seja, o próprio post que o usuário final do Facebook e do Instagram irão ver. Aqui você terá um para cada tipo de publicidade / promoção que você criar.

Pode parecer complexo à primeira vista, mas basicamente estamos falando de uma estrutura assim:

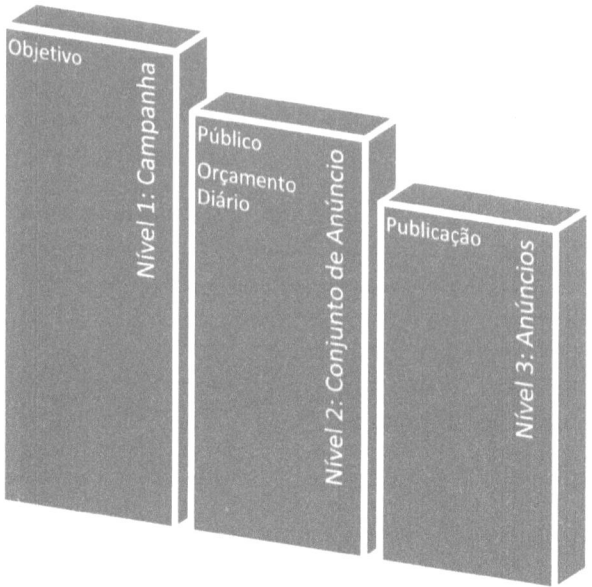

Um exemplo é ilustrado na figura abaixo:

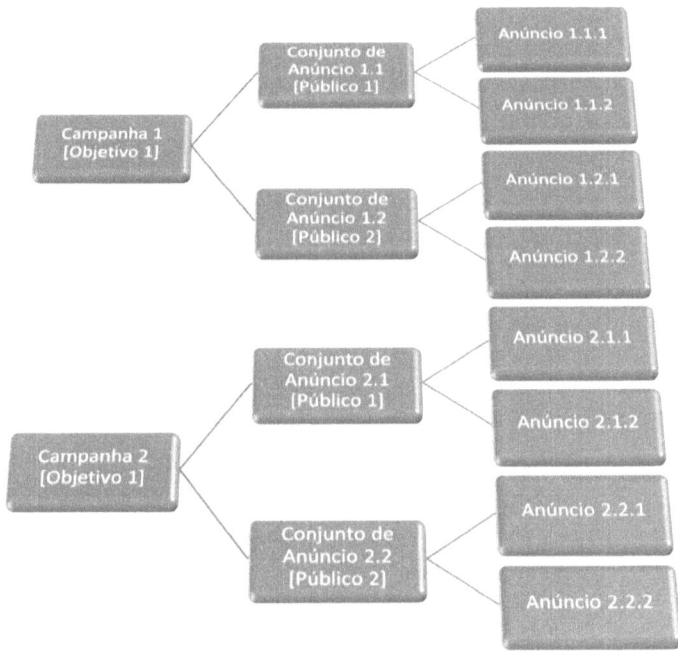

10.3 Quanto Investir na Primeira Campanha?

Marketing digital, seja ele qual for, exige teste. Então, prepare-se para mudar diversos parâmetros até acertar qual anúncio e qual público funcionam melhor. E após você pensar que acertou, ainda serão necessárias otimizações, ou seja, o processo nunca para.

Por isso mesmo, nunca invista muito dinheiro de largada. Coloque R$5,00/dia por exemplo para fazer um teste com algumas campanhas e vá mudando conforme o resultado, ou seja, retire daqueles públicos/anúncios que não estão performando bem e aumente aqueles públicos/anúncios que estão tendo um bom retorno.

Veja o exemplo abaixo, de uma publicidade real em um certo período de tempo.

Nome do conjunto de anúncios		Resulta... 🛈	Alcance 🛈	Custo po... 🛈
⬤ eCV - Endeavor e RD	⊙	6 Cadastro con	823	R$ 2.13 Por Concluir c
⬤ eCV - Interesse eCommerce	⊙	7 Cadastro con	282	R$ 1.01 Por Concluir c
⬤ eCV - [LA] LD-eCV Videos 75%	⊙	3 Cadastro con	225	R$ 1.19 Por Concluir c
⬤ eCV - Grandes Plataformas	⊙	1 Cadastro con	87	R$ 2.53 Por Concluir c
⬤ eCV - Listas eMail + WebSite + Webi ..	⊙	2 Cadastro con	141	R$ 1.12 Por Concluir c

No caso, os conjuntos de anúncios acima são todos parte de uma campanha cujo objetivo é o cadastro, ou seja, o objetivo é as pessoas informem seu e-mail para que depois se possa efetuar a venda.

Essa á uma campanha de um novo produto e, por isso mesmo, começou com um investimento menor do que geralmente é praticado. O primeiro Conjunto de Anúncio (CA) está tendo um custo de R$2,13 por cadastro enquanto o segundo R$1,01 e o terceiro R$ 1,19 por cadastro.

Como os anúncios são idênticos entre os CAs, precisa-se tomar algumas ações:

1) Aumentar o orçamento diário do 2º e do 3º CA e diminuir o orçamento do 1º CA;

2) Rever o anúncio do 1º CA – porque ele não está sendo tão atrativo para esse público como está sendo para os outros? Está sendo comunicado na linguagem correta para esse Avatar? Depois de responder essas perguntas, devemos fazer as modificações necessárias, pausar o anúncio atual do 1º CA e colocar o modificado a rodar.

Você pode perceber aqui que o processo exige iterações até ficar perfeito. Mas funciona muito bem.

Voltando à pergunta principal – quanto investir na primeira campanha - a resposta é: comece devagar, com um orçamento diário menor do que você tem disponível. Aumente então o orçamento dos CAs que mais funcionam, diminua dos que menos funcionam e, quando encontrar um CA que está performando da forma que você acha satisfatório, comece a aumentar o orçamento desse CA sem diminuir dos outros até chegar no orçamento diário desejado.

E vá com calma. É muito fácil gastar dinheiro errado aqui. Aumente o orçamento baseado no objetivo da campanha e de forma bastante conservadora e sempre cuide a margem que você pode gastar em marketing digital. Se o seu produto tem um ticket alto, você pode gastar mais em marketing. Se for um ticket mais baixo, você tem que tomar mais cuidado para que o marketing não consuma toda sua margem.

10.4 Criando sua Página no Facebook

Criar uma página profissional no Facebook hoje em dia é praticamente obrigatório. E você tem que criar uma página profissional, não um novo perfil de pessoa – são duas coisas bastante diferentes.

Uma página profissional é exatamente para o que queremos – conectar pessoas ao seu negócio e fazer publicidade. Uma página pessoal não tem esse objetivo e exige aprovação para que as pessoas sejam suas amigas, enquanto uma página profissional as pessoas simplesmente escolhem segui-la.

Há diversas outras diferenças, como limite de conexões que um perfil pode ter (uma página profissional pode ter milhões de seguidores), configuração de uma página e tipos de posts que podem ser publicados. Portanto, tenha certeza de criar sua página seguindo o processo abaixo, para que ela seja uma página profissional no Facebook. A criação é gratuita.

Para iniciar a criação de uma nova página, acesse https://www.facebook.com/pages/create/ e escolha o tipo de página que você vai criar.

Negócio local ou lugar

Empresa, organização ou instituição

Marca ou produto

Artista, banda ou figura pública

Entretenimento

Causa ou comunidade

Para um e-commerce, aconselho você criar em "Empresa, organização ou instituição" e escolher "Empresa de varejo". Algumas pessoas gostam de criar seu e-commerce em "Marca ou produto", mas não acho ser a opção mais adequada.

Após escolher o tipo, digite o nome do seu e-commerce:

Empresa, organização ou instituição

Junte-se aos seus apoiadores no Facebook.

Empresa de varejo ▾

Nome do eCommerce

Ao clicar em Começar, você concorda com
os Termos das Páginas do Facebook.

Começar

Após esse passo, ele já irá criar a página para você.

10.5 Configurações Básicas da Página

No mínimo, faça as seguintes configurações.

10.5.1 Fotos

Temos duas fotos principais: a de perfil e a de capa.

A foto de perfil é uma foto quadrada e não precisa ser maior que 170px X 170px, que é o tamanho dela em computadores.

A foto de capa é um pouco mais complexa, pois ela tem um padrão quando mostrada em computadores (relação 1:2,63) e outro padrão quando mostrada em celulares (relação de 1:1,78), embora seja a mesma foto. Por isso mesmo, você deve cuidar para que a sua foto de capa tenha todas as partes visíveis tanto em computador como em celular.

Uma dica aqui é seguir o padrão abaixo:

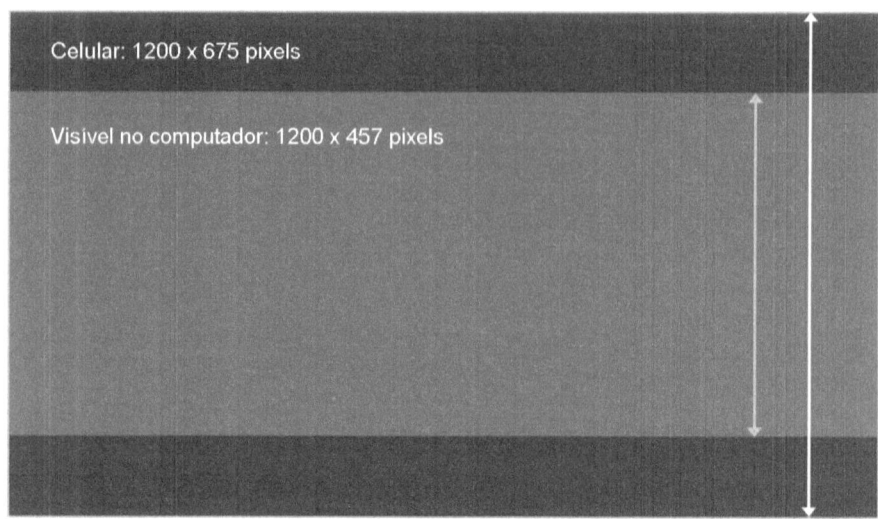

Fazendo dessa forma e colocando algo que possa ser cortado nos 109 pixels de cima e nos 109 pixels de baixo, você consegue uma boa imagem tanto no celular como no computador.

10.5.2 Informações da Página

Dentro de sua página, clique em "Sobre" (menu no lado esquerdo da página do Facebook) e selecione "Editar informações da Página":

A tela abaixo irá aparecer:

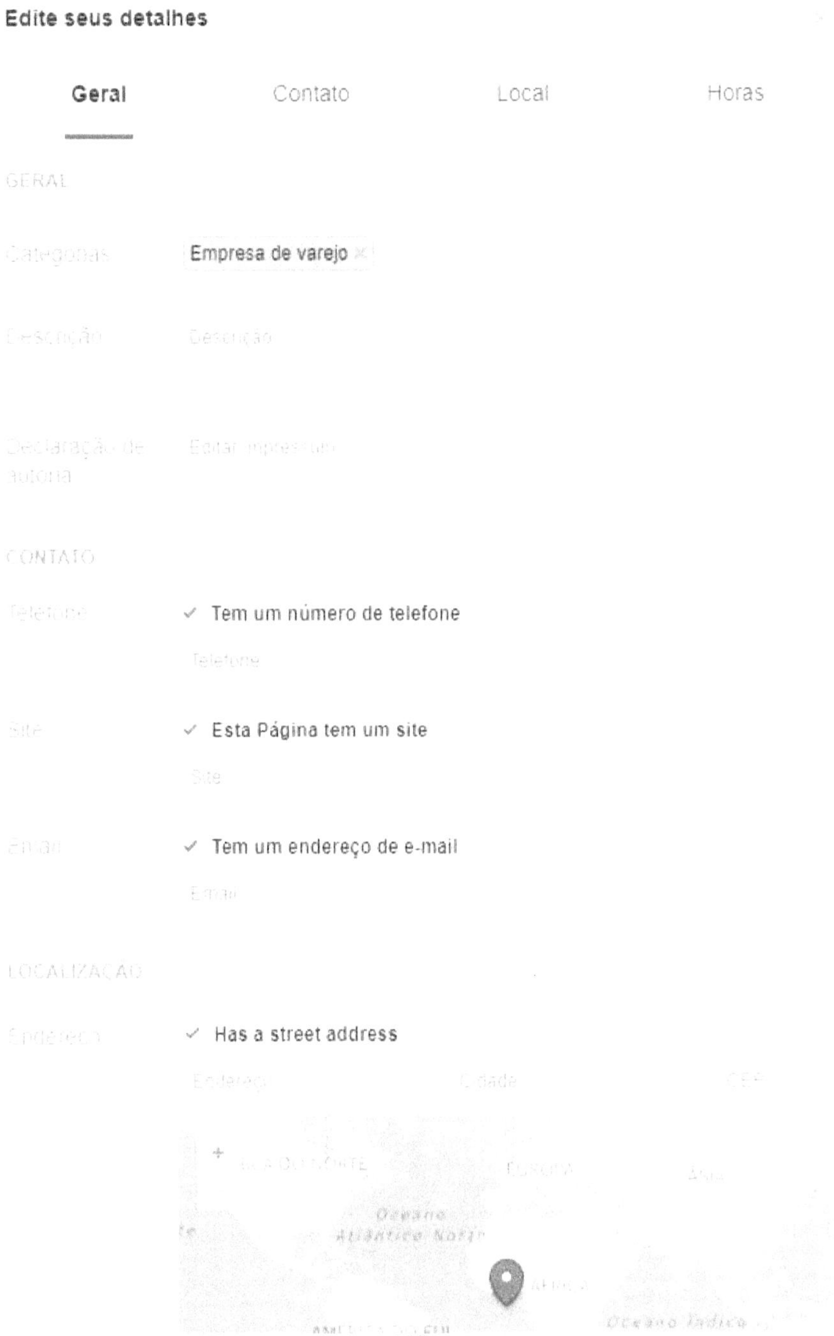

Edite seus detalhes

Geral   Contato   Local   Horas

GERAL

Categorias   Empresa de varejo

Descrição   Descrição

Declaração de   Estar representan
autoria

CONTATO

Telefone   ✓ Tem um número de telefone

Telefone

Site   ✓ Esta Página tem um site

Site

Email   ✓ Tem um endereço de e-mail

E-mail

LOCALIZAÇÃO

Endereço   ✓ Has a street address

Endereço   Cidade   CEP

Coloque o máximo de informações possíveis. Para um e-commerce, não esqueça de:

- Colocar o e-mail de atendimento
- Colocar o endereço do seu e-commerce na web
- Colocar uma boa descrição que seu Avatar se identifique (revise o capítulo 4)
- Colocar que está sempre aberto em Horário

10.5.3 Botão

Quanto a página é criada, seu botão se parece como abaixo:

+ Adicionar um botão

Clique em cima dele e escolha "Comprar agora" em "Faça uma compra ou uma doação"

Adicione um botão à sua Página

Torne mais fácil para as pessoas
executarem uma ação com a Página Nome
do Ecommerce. Escolha o botão que
deseja adicionar à sua Página e para onde
você gostaria de enviar as pessoas ao
clicarem nele

▦ Serviços de reserva

▨ Entrar em contato

ⓘ Saiba mais

▨ Faça uma compra ou uma doação

Comprar agora
Faça mais pessoas verem e comprarem produtos no seu site ou sua Página

Ver ofertas
Faça com que mais pessoas vejam e reivindiquem ofertas na sua Página.

+ Ver opções

10.5.4 Público

A última configuração obrigatória da sua página está em Configurações (menu
superior de sua página) e então selecionando "Público preferido para a Página".

Público preferido para a Página

Edite seu Público preferido para a Página para refletir as pessoas com as quais você mais gostaria de se conectar. Qualquer pessoa pode encontrar sua Página, mas faremos o possível para exibi-la para as pessoas mais relevantes para você.

Aqui você tem que colocar quem é o público que mais compra de você. Talvez você ainda não tenha isso completamente formado em sua cabeça, mas leve em consideração o Avatar que você criou, mas não seja tão específico quanto você foi no Avatar, pois o objetivo é cobrir a maioria das pessoas interessadas nos seus produtos.

Algumas configurações que proponho você colocar:

1) **Localização**: você está iniciando e não tem transportadora ainda. Seja então mais específico que somente "Brasil". Inclua todos os estados pertos de você e exclua os estados muito distante de você, cujo frete vai fazer você vender muito pouco. Por exemplo, se você está em Porto Alegre, um frete para o Rio Grande do Norte vai ser muito caro no início – portanto excluir Rio Grande do Norte fará com que as pessoas que sigam você sejam as que vão comprar mesmo – afinal você não quer seguidores – mas sim compradores. Muitas pessoas focam em seguidores e terminam dificultando seu marketing mais tarde

2) **Idade**: se você está vendendo suplementos de musculação, provavelmente seu público será mais jovem. Lembre-se do seu Avatar.

3) **Interesses**: esse é um quebra-cabeça. Cada Avatar, cada negócio terá certos interesses. Pense em páginas ou produtos que o seu Avatar segue no Facebook e vá colocando lá.

Tente ser mais específico do que genérico, sempre olhando o número estimado do público que vem na parte de baixo. O ideal no início é chegar perto de 2 milhões, mas somente se você tem certeza do público que está colocando lá, senão tente ao menos deixar com um público inferior a 15 milhões.

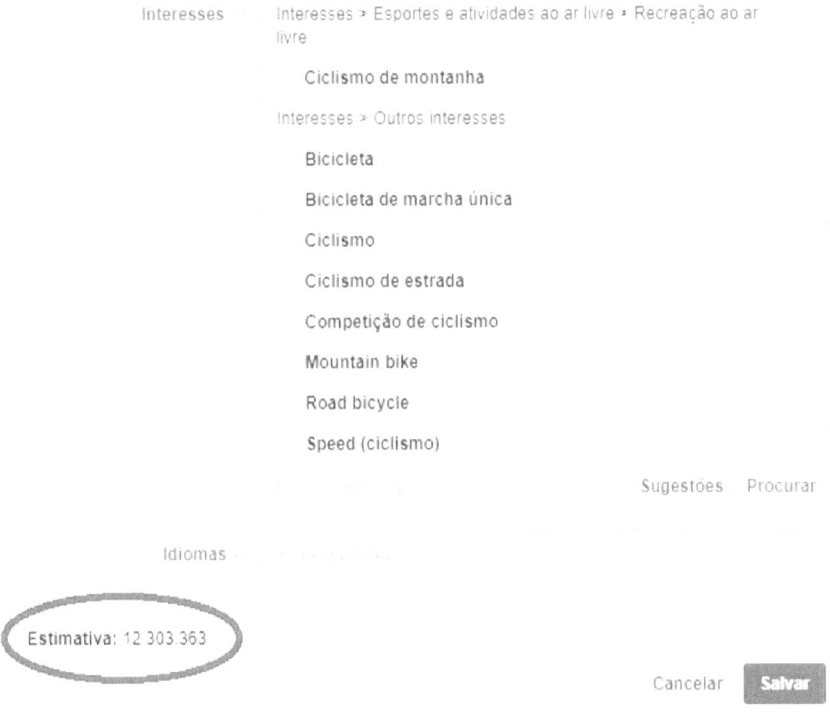

10.5.5 Nome de Usuário

O nome do usuário é o endereço da página (www.facebook.com/NomeDoUsuario), portanto escolha com bastante cuidado.

A escolha é feita clicando-se em "Sobre" (menu à esquerda na página) e alterando-se o "Nome de usuário".

Criar nome de usuário de Página

É mais fácil as pessoas encontrarem sua Página na pesquisa quando ela tem um nome de usuário exclusivo. As Páginas com nomes de usuário também podem criar URLs personalizadas que possibilitam às pessoas acessá-las mais rapidamente e enviar mensagens para elas.

Nome do Ecommerce
@nome de usuário

Nome de usuário   0 : 50

@nome de usuário

Precisa de ajuda? Receba dicas sobre escolher um nome de usuário

Cancelar   Criar nome de usuário

Muitas vezes o Facebook não permitirá criar o nome de usuário no início, e vai exigir que a página rode um tempo e tenha algumas pessoas que tenham tido envolvimento com a página e curtido ela. Se for esse o seu caso, volte para esse passo depois de um tempo.

10.6 Iniciando suas operações no Facebook

A página do seu e-commerce no Facebook está pronta ☺!

A primeira coisa a fazer é popular sua página com ao menos uns 3 posts sobre seu nicho - dois de conteúdo e um de produto.

10.7 Públicos do Facebook

O Facebook tornou-se a ferramenta bilionária que é hoje devido a possibilidade incrível de segmentação que ele possui.

Qualquer ação que uma pessoa faz no Facebook – curte uma publicação, compartilha, vê um vídeo, comenta, etc, vai alimentando um banco de dados gigantesco que cria um perfil daquela pessoa que consegue saber do que ela gosta, quais as afinidades, etc. Una-se a isso as informações que as pessoas por livre e espontânea vontade colocam em seus perfis – idade, sexo, empregador, renda, etc – e você tem a ferramenta mais poderosa de segmentação do mundo.

A forma que o Facebook permite você fazer isso é através da criação de públicos

10.7.1 Os Tipos de Públicos

Existem três tipos de público no Facebook: Personalizado, Salvo e Semelhante.

Público Personalizado

O público personalizado é aquele que você cria baseado em um dos seguintes fatores:

1) **Tráfego do site:** criação de um público a partir do Pixel do Facebok (que você instalou no módulo 6). A função básica aqui é o remarketing, ou seja, atingir pessoas que já visitaram seu e-commerce. **A criação desse tipo de público é obrigatória no marketing 1PMV**. Para criá-lo, basta acessar o menu de Públicos (Menu principal do Facebook business → Ativos → Públicos), clicar no botão Criar Público (imagem abaixo)

Criar um Público Personalizado

Como você deseja criar este público?

Alcance pessoas que têm um relacionamento com o seu negócio, sejam clientes existentes ou pessoas que interagiram com o seu negócio no Facebook ou em outras plataformas.

Arquivo de clientes
Use um arquivo de clientes para estabelecer a correspondência entre seus clientes e pessoas no Facebook e criar um público com base nas correspondências. Os dados serão convertidos em hashes antes do carregamento.

Tráfego do site
Crie uma lista de pessoas que visitaram seu site ou executaram ações específicas usando o Pixel do Facebook.

Atividade em aplicativos
Crie uma lista de pessoas que iniciaram seu aplicativo ou jogo, ou que executaram ações específicas.

Envolvimento [UPDATED]
Crie uma lista de pessoas que se envolveram com seu conteúdo no Facebook ou no Instagram.

Esse processo é seguro e os detalhes sobre seus clientes ficarão protegidos.

Cancelar

selecionar então "Tráfego so site" e colocar os últimos 180 dias. Nomeio o público com um nome que você saberá identificá-lo, como "LojaX-VisitouSite-180dias"

2) **Arquivo de Clientes**: aqui você pode criar um público através de uma lista de e-mail de clientes que você possui (você pode e deve criar esse tipo de público quando você tiver uma lista de clientes com mais de 500 pessoas)

    a. Se você vem de loja física e tem o e-mail de seus clientes, esse é um público obrigatório para você – vai ser o público que provavelmente melhor responderá e mais comprará de você no início de sua operação como loja virtual;

b. Arquivo de clientes são tão importantes que, se você tiver lista de compradores com um bom número de pessoas, tenha certeza de criar também um Público Semelhante com base nesse público.

3) **Atividade em Aplicativos**: para quem usa aplicativos móveis;

4) **Envolvimento**: público que curte sua página, olha seus vídeos ou outros fatores. **Você precisa criar ao menos o público personalizado que curtiu a sua página**. Em Públicos, após clicar Criar Público e escolher Público Personalizado, escolha Envolvimento, Página do Facebook e então selecione sua página. Selecione 365 dias como o tempo que ele considerará alguém nesse público após curtir sua página.

Aqui então temos dois públicos que você precisa criar, como mencionado acima. Tenha certeza de criar esses dois públicos, pois são públicos essenciais para seu Marketing.

Público Salvo

Esse tipo de público é aquele que você monta a partir de interesses, dados demográficos, comportamentos, empregadores e cargos que possuem uma relação íntima com seu Avatar.

Tente no início criar ao menos um Público Salvo para usar em suas campanhas. E sempre prefira trabalhar com públicos mais específicos (ou seja, públicos menores) do que público que abranjam 50 milhões de pessoas – que realmente não tende a ser efetivo.

Uma regra de ouro é tentar chegar a um público de não mais do que 2 milhões de pessoas. Para tanto, você precisa conhecer bem seu Avatar. O número a ser considerado é o que é mostrado em cima, em "Público Potencial" e não o que aparece quando você seleciona um interesse, pois esse último é o número de pessoas no mundo inteiro.

Dica: gaste ao menos um dia aqui focado em conhecer as segmentações relacionadas com seu Avatar, pesquisando interesses e pedindo sugestões até encontrar um público segmentado, com menos de 5 milhões de pessoas e com mais de 50 mil pessoas. Isso já será um bom público para você iniciar seus testes.

Público Semelhante

Público Semelhante é um público criado a partir de um público que você já criou com o qual o Facebook cria então um público com o tamanho de 1% do total da população do país escolhido (você pode escolher outros percentuais, mas 1% é o melhor número para você iniciar). Esse 1% terá pessoas que têm muito em comum com o público original. O Facebook usa um algoritmo próprio para encontrar essas pessoas, com base em página que elas curtiram, interesses, idade, renda, vídeos que elas viram e uma série de outros fatores.

No início, se você já não tinha uma página e não tem ainda tráfego consistente no seu e-commerce, você não irá criar. Mas logo que você tiver ao menos 500 seguidores em sua página do Facebook e 500 visitantes, você pode e deve criar ao menos dois públicos semelhantes:

- Baseado no público que curtiu sua página;
- Baseado no público que visitou seu e-commerce.

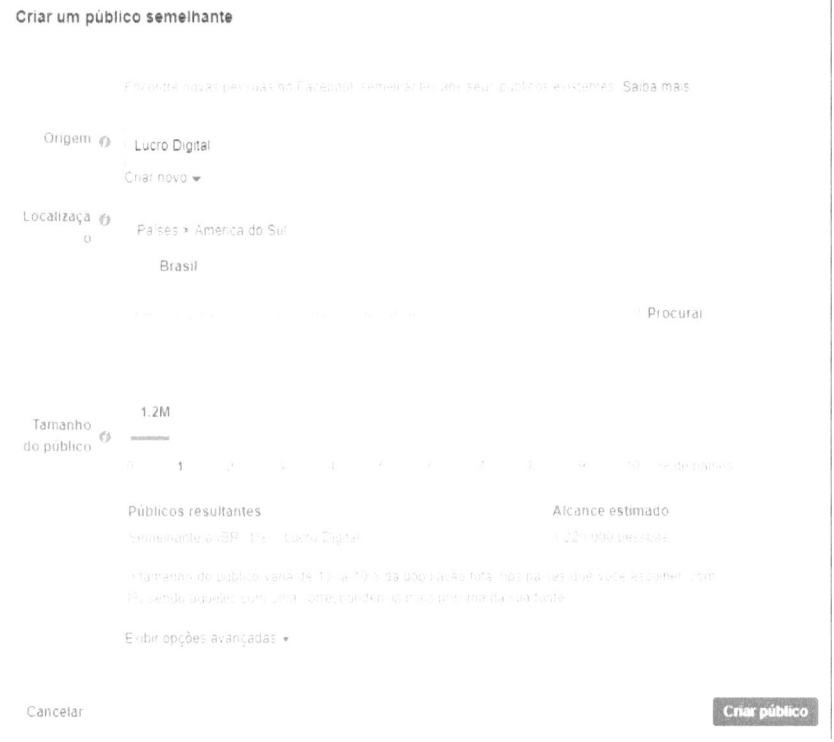

Quando você tem já uma boa base de clientes que compraram em sua loja virtual ou loja física, um público que irá funcionar muito bem será o Público Semelhante ao de seus compradores. Para criar um público com todas as pessoas que compraram em seu e-commerce, você precisa criar um público personalizado.

10.7.2 Resumo

Criar o público correto é parte essencial de seu marketing. Portanto, gaste um tempo para criar os públicos corretamente.

Para o início das suas operações, você vai precisar dos seguintes públicos:

Publico Personalizado

a.**Obrigatório**: Curtiram sua página, 365 dias
b.**Obrigatório**: Tráfego do Website, 180 dias
c.**Opcional**: Lista de Compradores (se você já tem e-commerce rodando a um tempo ou veio de loja física)
d.**Opcional**: Pessoas que assistiram ao menos 75% dos seus vídeos (somente se você cria conteúdo baseado em vídeo). Esse público costuma funcionar muito bem para quem cria marketing de conteúdo em vídeo.

Público Salvo

a.**Obrigatório**: Ao menos um público com menos de 5 milhões de pessoas e idealmente com 1 milhão de pessoas onde o seu Avatar está.

Público Semelhante

a.**Obrigatório**: com base no Púbico que Curtiu sua página, tamanho 1% [Somente depois de você ter ao menos 500 seguidores]
b.**Obrigatório**: com base no Púbico que visitou seu e-commerce (website), tamanho 1% [Somente depois de você ter ao menos 500 visitas em 180 dias]

10.8 Sua Primeira Campanha no Facebook

Você precisa de alguns pré-requisitos para criar sua primeira campanha:

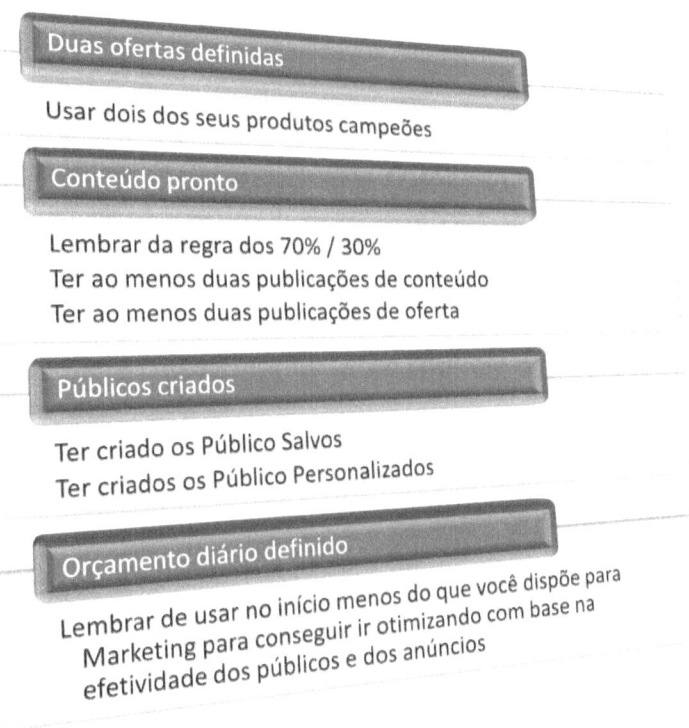

Duas ofertas definidas

Usar dois dos seus produtos campeões

Conteúdo pronto

Lembrar da regra dos 70% / 30%
Ter ao menos duas publicações de conteúdo
Ter ao menos duas publicações de oferta

Públicos criados

Ter criado os Público Salvos
Ter criados os Público Personalizados

Orçamento diário definido

Lembrar de usar no início menos do que você dispõe para
Marketing para conseguir ir otimizando com base na
efetividade dos públicos e dos anúncios

10.8.1 Publicação de Página vs Novo Anúncio

Existem duas formas de expor conteúdo para o seu público. A primeira é criar um anúncio referenciando uma publicação já existente em na sua página do Facebook. A segunda é criar um novo anúncio – que pode até ser muito similar ao conteúdo já publicado.

A grande vantagem de criar um anúncio a partir de uma publicação da página é que todas as curtidas, compartilhamentos e comentários são visíveis quando alguém entra na sua página. Isso aumenta a autoridade da sua loja e a prova social da publicação, pois a pessoa que entra vê aquelas centenas de curtidas e percebe que realmente o conteúdo está indo longe.

Já a grande vantagem de criar um novo anúncio dentro de uma campanha é que você consegue usar funcionalidades que só estão disponíveis nesse tipo de anúncio. Por exemplo, você consegue colocar um botão "Comprar agora" que leva diretamente ao produto em seu e-commerce. Mas isso vem com um preço: além do anúncio não ser visível na linha de tempo da sua página, quando você duplica ele para outro conjunto de anúncios (e por por consequência para outro público), as curtidas, comentários e compartilhamentos de um não serão visíveis pelo outro.

Qual é melhor? A resposta é depende. Eu particularmente gosto de criar um anúncio com base em uma publicação da página para publicações de conteúdos e criar uma anúncio novo para as promoções e para a geração de leads, pois o botão e outras funcionalidades oferecidas por lá funcionam muito melhor.

10.8.2 Estrutura Básica

Nossa estrutura básica do marketing 1PMV no Facebook e Instagram (através do Facebook) terá duas campanhas: uma com o objetivo de Envolvimento (Envolvimento com a Publicação) e outra campanha com o objetivo de conversões, ou seja, vendas.

Cada campanha terá três conjuntos de anúncios: um para o público salvo, outro para o público que curtiu sua página e outra para o público que visitou seu e-commerce. Se você já tem outros públicos que comentamos na sessão anterior (por exemplo o público semelhante aos seus clientes), crie também um conjunto de anúncios para cada um desses públicos.

Como o valor do gasto diário é definido no nível de conjunto de anúncio (CA), lembre-se de já alocar o valor que você reservou para investir dividido ao menos pelo número de CAs que você vai ter. Se você está iniciando do zero, reserve ao menos 80% do seu orçamento para os CAs que usam o Público Salvo. Quanto mais seguidores você tiver e mais visitado for seu e-commerce, menor será a participação dos CAs que utilizam o(s) Público Salvo(s) e maior a participação dos CAs que utilizam seus Públicos Personalizados.

Dentro de cada CA da campanha de envolvimento, você terá dois anúncios que referenciam as duas publicações de conteúdo da sua página. Você pode criar em um dos CA e depois usar a função de duplicação.

Dentro de cada CA da campanha de conversões, você terá dois anúncios criados do zero, para que você consiga criar um botão de "Comprar agora" com o link para o produto em oferta. Novamente, você pode criar em um dos CA e depois usar a função de duplicação para os outros CAs.

Vamos ao resumo:

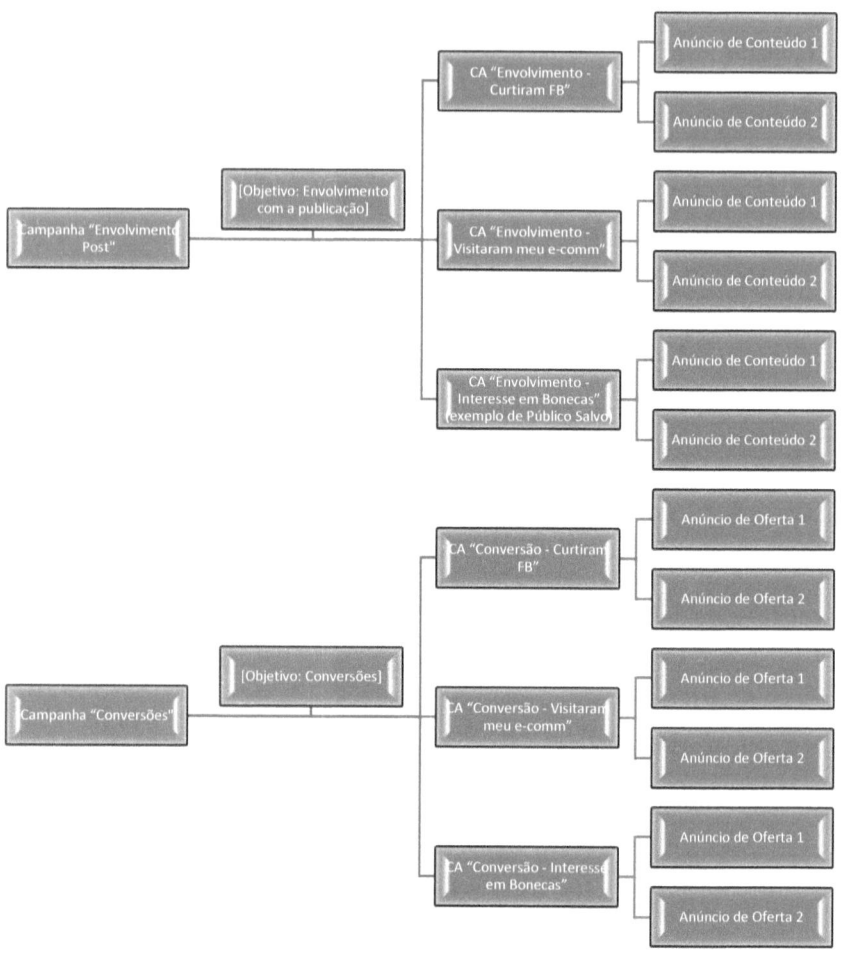

10.8.3 Criando as Campanhas

Quando você cria a campanha, você cria também o primeiro CA e o primeiro Anúncio.

Entretanto, aqui iremos cobrir os níveis em ordem para maior organização.

Para criar sua primeira campanha, no menu principal do Facebook Business, escolha Gerenciador de Anúncios e clique no botão "+ Criar Campanha". A tela abaixo aparecerá:

Campanha Escolha seu objetivo.   Ajuda Escolher um objetivo   Usar campanha existente

Qual é o seu objetivo de marketing?

Reconhecimento	Consideração	Conversão
Reconhecimento da marca	Tráfego	Conversões
Alcance	Envolvimento	Vendas do catálogo de produtos
	Instalações do aplicativo	Visitas ao estabelecimento
	Visualizações do vídeo	
	Geração de cadastros	

Para a primeira campanha, escolha Envolvimento e em seguida selecione "Envolvimento com a publicação". Coloque o nome que você deseja para sua campanha em "Nome da campanha"

Envolvimento

Faça mais pessoas verem sua publicação ou Página e se envolverem com ela. O envolvimento pode incluir comentários, compartilhamentos, curtidas, participações no evento e obtenções da oferta

Nome da campanha   Envolvimento Post

Envolvimento com a publicação   Curtidas na Página

Participações no evento

Continuar

Clicando em continuar você será levado para a tela de criação do CA. Para criar a segunda campanha, escolha o objetivo "Conversão".

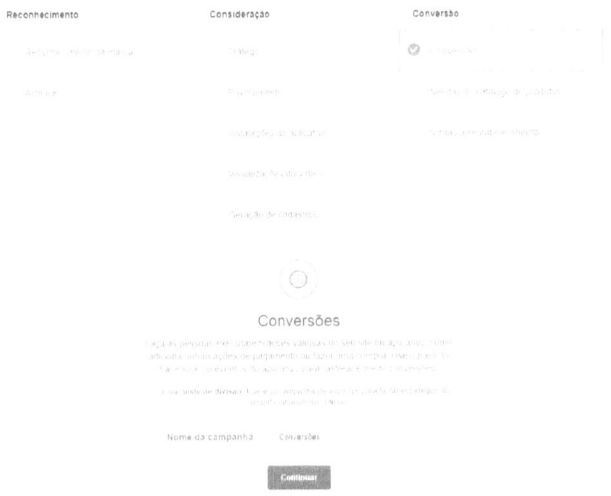

10.8.4 Criando os Conjuntos de Anúncio

No Conjuntos de Anúncio (CA) você definirá o público, o orçamento diário e alguns outros detalhes importantes, como forma de veiculação.

Para criar um novo CA, você precisa ou estar no meio do processo de criação de campanha ou, dentro de uma campanha (após clicar na campanha), clicar no botão "+ Criar conjunto de anúncios".

O primeiro passo é escolher o nome do CA, bem acima:

Criar novo conjunto de anúncios   Crie vários novos conjuntos de anúncios

Nome do conjunto de anúncios   Envolvimento - Curtiram FB

Se for um CA dentro de uma campanha de conversão, você deve agora escolher o tipo de conversão. Se for dentro de uma campanha de Envolvimento, você não terá esse passo. No nosso caso, a conversão que queremos é "Compra". Portanto, escolha "Site". Então, na lista suspensa que aparecerá escolha o Pixel que você criou e ligou ao seu e-commerce no módulo 6, e na conversão escolha "Compra". Não se preocupe se ele não estiver verde – isso só significa que ele não tem conversões ainda.

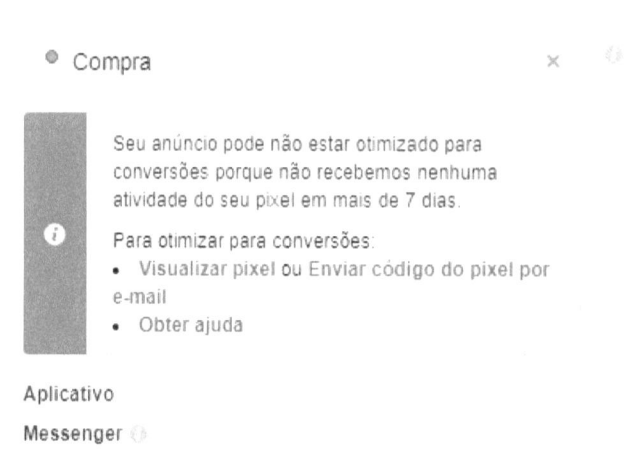

Conversão
Escolha o site ou aplicativo que deseja remover e, em seguida, selecione um evento do aplicativo ou conversão. Se não tiver um evento do aplicativo ou pixel, você verá as instruções para criar um

- Site

  ○ Compra   ×

  ⓘ Seu anúncio pode não estar otimizado para conversões porque não recebemos nenhuma atividade do seu pixel em mais de 7 dias.

  Para otimizar para conversões:
  - Visualizar pixel ou Enviar código do pixel por e-mail
  - Obter ajuda

Aplicativo

Messenger

O próximo passo é definir o público. Se você for utilizar um Público Salvo, escolha na lista "Usar um público salvo". Se for um público personalizado, clique na caixa de texto ao lado de "Públicos Personalizados" e escolha o público da lista.

Agora é hora de definir a o orçamento e a data de veiculação. Coloque o orçamento planejado e defina a programação contínua, pois a ideia é você ter anúncios semanais. Você pode pausar uma campanha, um CA ou um anúncio individualmente a qualquer momento.

No objetivo, se for um CA dentro da campanha de envolvimento, coloque "envolvimento com a publicação" e o valor do lance automático.

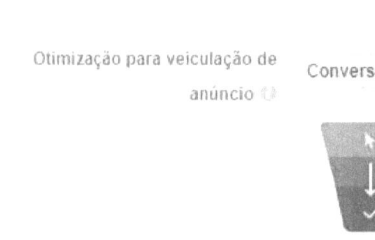

Para um CA dentro da campanha de conversões, caso você não tenha vendido ainda, tenha certeza de marcar a otimização para "Conversões" e ligar a otimização para cliques em link até que haja dados suficientes para otimizar conversões e escolha o modelo "Padrão". Isso fará com que o Facebook otimize para encontrar pessoas que queiram clicar em seu anúncio até que tenha dados suficientes para saber quem pode realmente comprar em sua loja e aí sim direcionar para essas pessoas (ele só conseguira fazer bem isso depois que você tiver uma venda).

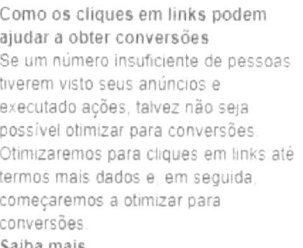

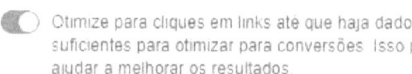

Clicando em "Continuar" você será levado para a criação dos Anúncios

10.8.5 Criando os Anúncios

Para criar um novo anúncio, você precisa estar no meio do processo de criação de uma nova campanha ou, dento de um CA, clicar em "+ Criar Anúncio".

Para que você possa criar todos os anúncios planejados, você precisa de somente três coisas:

1) Saber como se cria um anúncio com base em uma publicação da página;
2) Saber como se cria um anúncio novo com o botão "comprar agora";
3) Saber como duplicar uma publicação de um CA para outros CAs.

Criando um anúncio com base em publicação da página

Esse é o tipo mais simples de anúncio, mas funciona muito bem para conteúdo, além de deixar visível na sua página do Facebook todas as iterações que as pessoas tiveram com sua publicação.

Para isso obviamente você já deve ter a publicação em sua página do Facebook.

Na parte superior, você deve escolher "Usar publicação existente"

Criar novo anúncio   Usar publicação existente

Página e publicação   Prévia do anún
Veja a prévia da imagem e do texto na publicação da sua Página
Saiba mais
                                                          Feed de Notíc

Escolha então o nome da sua página e, na conta do Instagram, selecione a conta do Instagram ou se você ainda não conectou a conta do Instagram com a página do   Facebook,   siga   as   instruções   aqui:

https://www.facebook.com/help/instagram/356902681064399?helpref=faq_c ontent).

Após isso, selecione a publicação na lista de publicações existentes e tenha certeza que está usando o pixel para rastrear todas as conversões

Selecionar uma publicação da Página

| Fotos da publicação de Nome do Ec... ▾

Insira o número de identificação da publicação

 Seu anúncio do Instagram renderizará menções do Facebook como texto comum.

Ocultar opções avançadas ▲

Parâmetros da URL (opcional) ⓘ

Ex: key1=value1&key2=value2

Rastreamento de pixel ⓘ

• Rastrear todas as conversões do meu pixel do Facebook
⊙ Pixel de Ulisses Giorgi
Número de identificação do pixel
Não rastrear conversões

E pronto! Clique em "Confirmar" e seu anúncio em breve será aprovado e começará a ser veiculado.

Criando um anúncio novo com o botão "Comprar agora"

A ideia aqui é criar sua publicação toda dentro do anúncio, desde do início.

Comece escolhendo "Criar novo anúncio"

Páginas

Selecione a página do Facebook e a conta do Instagram e e em seguida escolha então o formato do seu anúncio.

Um formato que funciona bem para as promoções que terão o botão "Comprar agora" é o Carrossel de fotos. Você coloca várias fotos dos seus produtos (cuidado para que a proporção das fotos seja 1:1 [quadrada]) e então define o botão com o link diretamente para a página do produto em promoção. A única vantagem de usar o tipo "Imagem única" é que você pode usar o banco de imagens gratuito, que contém fotos profissionais.

No Carrossel, carregue as fotos e coloque sempre o título, a descrição e a URL para cada foto. A URL deve ser o endereço que o usuário deve ser direcionado quando clicar em "Comprar agora". Você pode ter um carrossel com vários produtos diferentes e várias URLs de destino. No nosso exemplo aqui, teremos um carrossel com diversas fotos do mesmo produto (e portanto com a mesma URL).

Na URL [Ver mais], que será o último cartão, coloque o endereço raiz da sua loja "www.SuaLoja.com.br" . Escolha então o botão "Comprar agora" na "Chamada para ação". A prévia do anúncio pode ser vista no lado direito.

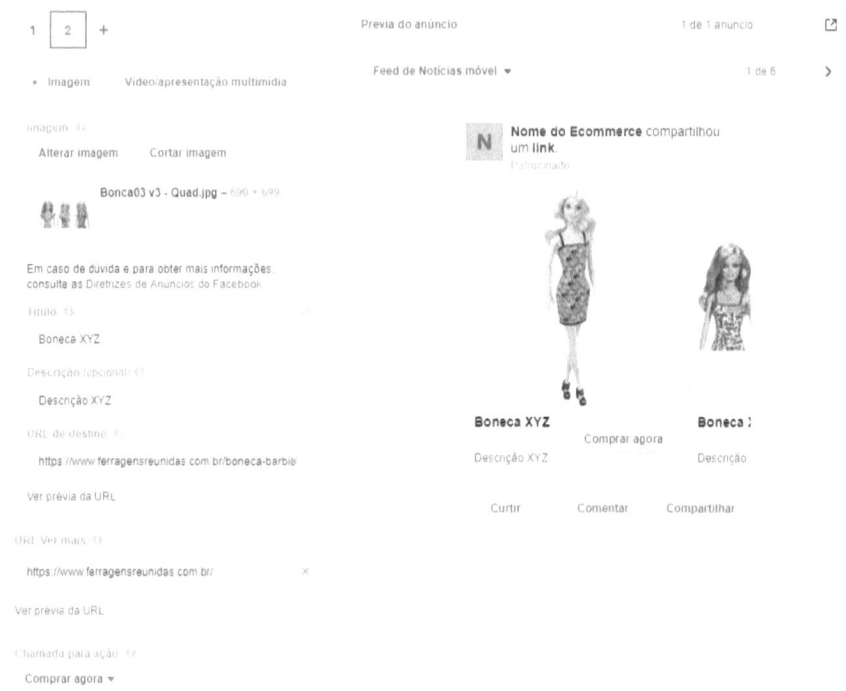

Pronto! Agora clique em "Confirmar" e seu anúncio começará a ser exibido após ser aprovado.

10.8.6 Duplicações

Você pode duplicar anúncios, conjuntos de anúncios (com todos os anúncios dentro dele) e campanhas (com todos os CAs e anúncios dentro dela).

Para tanto, basta selecionar o que você quer duplicar e então pressionar "Duplicar".

O jeito mais fácil de criar todos os anúncios que temos em nossa estrutura é:

1) Criar a primeira campanha de Envolvimento (que chamamos de "Envolvimento Post"). Já na criação você vai criar o primeiro CA ("Envolvimento - Curtiram FB") e o primeiro anúncio ("Anúncio de Conteúdo 1")
2) Crie o segundo anúncio ("Anúncio de Conteúdo 2") dentro do mesmo CA que você recém criou.
3) Duplique o Conjunto de Anúncio e já altere o novo conjunto de anúncio para o nome "Envolvimento - Visitaram meu e-comm" para o público correspondente.

Pronto, você criou mais um CA e dentro desse mais dois anúncios! Repita a operação para criar o CA "Envolvimento - Interesse em Bonecas".

Agora, crie uma nova campanha "Conversões" e, depois de criar o primeiro CA e os dois anúncios, duplique ele para criar os outros dois CAs.

Você verá que o processo é bem simples depois da primeira vez e faz você economizar muito tempo.

10.9 Acompanhamento Diário

Tenha certeza de acompanhar diariamente a performance de cada CA e de cada anúncio, retirando orçamento dos CA que estiverem mais caros e aumentando o orçamento dos CA que estiverem mais baratos.

Também, verifique a performance individual de cada anúncio. Isso com o tempo fará você entender qual publicação funciona mais com o seu público. A melhor forma de ver o desempenho de um anúncio é o custo por envolvimento ou custo por conversão (dependendo do objetivo da campanha). Quanto mais barato for esse custo, mais aceitação o seu anúncio está tendo.

10.10 Marketplaces e as Campanhas

Como dissemos no capítulo 9, queremos que você entre em um ou mais Marketplaces. Isso é essencial para os eu crescimento e para diminuir seu CAC (Custo de Aquisição de Cliente).

O seu marketing no Facebook, entretanto, deve sempre apontar para os produtos dentro do seu próprio e-commerce, e nunca para os produtos nos Marketplaces). Um Marketplace já tem milhões de visitas por mês e a diferença que seu marketing fará para as vendas não será significativa, o que é muito diferente em sua própria loja virtual. Além disso, é no seu e-commerce que você tem uma margem maior de lucro e um número de visitantes muito menor.

Lembre-se que o "custo de marketing" dos Marketplaces deve ser calculado pelo percentual que eles cobram para cada venda efetuada mais a taxa fixa se você contratou os Marketplaces a partir de algum integrador como o oList.

CAPÍTULO 11: SUA PRIMEIRA CAMPANHA NO GOOGLE ADWORDS

Uma das principais vantagens do marketing no Google (que ocorre dentro do Google Adwords) em relação ao marketing no Facebook é que geralmente quem executa pesquisas no Google está mais próximo de comprar algo. Aliás, muito provavelmente é por essa razão que ele está no Google fazendo pesquisa sobre aquele produto.

É claro que talvez ele esteja querendo apenas saber sobre o produto e suas características, mas mesmo assim ele geralmente está mais perto do momento de compra do que alguém no Facebook.

Você não vai encontrar alguém dizendo que vai entrar no Facebook para procurar um determinado produto. As pessoas entram no Facebook para se relacionar com outras pessoas, não para comprar. Enquanto estão navegando no Facebook, devido aos anúncios, "esbarram" em produtos e então realizam as compras, mas não é a principal razão que estão lá.

Isso não significa que o Facebook é um marketing ruim – longe disso. Em muitas coisas ele é mais "democrático" do que o marketing do Google e permite que pequenas empresas consigam competir muito bem com grandes empresas – principalmente devido ao marketing de conteúdo que estudamos nos capítulos anteriores. No Google, devido ao sistema de ranking dos anúncios e outros fatores que vamos ver aqui, trabalhar de igual para igual com grandes empresas é um pouco mais complicado – o que pode tornar o marketing um pouco mais caro do que o do Facebook em muitos nichos.

Mas isso não tira o possível retorno que o Google pode trazer para pequenas empresas – só exige muito mais cuidado para que você não gaste dinheiro à toa, algo muito comum com campanhas não muito bem estruturadas.

O Google AdWords tende também a ser um marketing mais técnico que o Facebook, pois exige conhecimento de informações e indexadores que se você não os entender muito bem pode acabar não otimizando sua campanha da maneira que deveria e gastando dinheiro desnecessariamente.

Vamos então aos conceitos básicos que você precisa conhecer.

11.1 Redes de Publicidade do Google

Existem duas grandes categorias onde seus anúncios poderão aparecer: Rede de Pesquisa e Rede de Display. Uma campanha pode atingir somente uma ou ambas as redes.

11.1.1 Rede de Pesquisa

Essa é a rede que você deve estar mais acostumado, pois os anúncios aparecem quando você realiza pesquisas no site do Google e você já deve ter realizado centenas ou mesmo milhares delas.

O que talvez você não saiba é que a Rede de Pesquisa do Google inclui a pesquisa em outros sites do Google, como Google Maps e o Google Shopping e outros sites parceiros de pesquisa que não pertencem ao Google mas que exibem anúncios do Google relacionados às pesquisas que são realizadas naqueles websites.

Vamos a um exemplo simples. Você está procurando "piano de cauda"

Resultados no Google Shopping para piano....

Patrocinados

Yamaha Clavinova	Casio PX-860BK Piano	Yamaha CLAVINOVA	Yamaha Clavinova	Yamaha ARIUS YDP-163 R
R$25.432,00	R$3.511,20	R$21.120,00	R$50.072,00	R$5.843,64
Teclacenter Inst	Teclacenter Inst	Teclacenter Inst	Teclacenter Inst	Teclacenter Inst

piano de cauda Oferta - Encontre no Mercado Livre
[Anúncio] www.mercadolivre.com.br/Instrumentos/Musicais ▼
Compra Garantida em Baterias, Violões, Guitarras, Pianos e Mais Instrumentos!

Piano É Na Intermezzo - A Maior Loja de Pianos do Brasil
[Anúncio] www.intermezzo.com.br/ ▼ (11) 3078-3200
Compre em 10x. Ligue!
Categorias: Profissional, Silent, Disklavier
Pianos Acústicos   Cordas   Sopro   Audio   Teclas

Pianos de Cauda – A loja de PIANOS
alojadepianos.com.br/pianos-cauda-yamaha ▼
O GB1K, piano de cauda mais compacto e acessível da Yamaha, é ideal para locais onde o espaço é limitado, e este piano tem um tom de ressonância

Pianos Com Cauda no Mercado Livre Brasil
https://lista.mercadolivre.com.br/pianos-cauda/ ▼
Encontre Pianos Com Cauda no Mercado Livre Brasil. Descubra a melhor forma de comprar online
Piano 1/4 De Cauda Com   Piano De Cristal (acrílico)   Piano De Cauda Yamaha

A parte de cima com as fotos dos pianos são anúncios do Google Shopping, que está fora do escopo desse livro. Basicamente, o Google Shopping apresenta anúncios que vêm através da Rede de Pesquisa também, mas são escolhidos através de um cadastro de produtos em um formato específico pedido pelo Google.

Os dois resultados seguintes (Mercado Livre e Intermezzo) você consegue observar a palavra "Anúncio", indicando que são empresas que estão anunciando quando alguém digita "piano de cauda" ou uma combinação dessas palavras.

É esse tipo de publicidade que faremos aqui dentro da Rede de Pesquisa.

Os outros resultados não são anúncios, mas sim estão lá porque foram considerados relevantes pelo Google. Geralmente são empresas que já estão há bastante tempo com páginas relevantes para aquele conteúdo sendo pesquisado. Também provavelmente possuem diversas outras páginas referenciando elas.

Como você provavelmente está iniciando seu e-commerce, dificilmente estará na primeira página. Por isso mesmo a importância dos anúncios se você quiser ficar visível no Google.

Na Rede de Pesquisa, teremos anúncios de texto puro.

11.1.2 Rede de Display

A Rede de Display apresenta anúncios exibidos em diversos sites do Google (como Gmail, YouTube, Blogger, etc), sites parceiros do Google e outros sites e aplicativos móveis que exibem anúncios do Google AdWords para ganhar dinheiro com publicidade.

Diferente da Rede de Pesquisa, onde o anúncio é exibido ou não com base nas palavras que estão sendo buscadas, um anúncio na Rede de Display é exibido com base no conteúdo do website ou então por uma regra de Remarketing (ou seja, por onde a pessoa navegou na Internet nas últimas vezes).

Abaixo, você pode observar um exemplo de um blog de moda exibindo anúncios do Google AdWords:

LIQUIDAÇÕES: O QUE VALE A PENA APROVEITAR

O melhor uso da Rede de Display para um e-commerce que está iniciando é o remarketing, ou seja, exibir anúncios para as pessoas que já visitaram sua loja virtual. É isso mesmo que a Youse provavelmente fez ali. Eu havia pesquisado sobre seguros e acabei entrando na campanha de remarketing deles enquanto visitava em um site de moda, ou seja, não relacionado com o ramo da Youse.

Já falamos sobre remarketing – ele é um dos tipos de marketing mais baratos e mais efetivos que podemos ter.

Na Rede de Display, você pode ter anúncios de texto puro, gráficos, *rich media* e em vídeo.

11.2 Como o Google Define o Custo

Quando você cria um anúncio, seja ele para a Rede de Pesquisa ou para a Rede de Display, e independente do formato (texto, gráfico, rich media, etc) o que você deseja é que as pessoas cliquem naquele anúncio (exceção única para os vídeos).

Veremos as estratégias de lance em seguida, mas antes de entrarmos nesse assunto, você precisa entender como o Google decide mostrar seu anúncio ali e não o do seu concorrente (ou de qualquer outra empresa) e como define qual o custo que aquela ação terá.

11.2.1 O Leilão

O Google usa o sistema de leilão para definir quem irá aparecer e em que ordem irá aparecer.

O processo funciona assim:

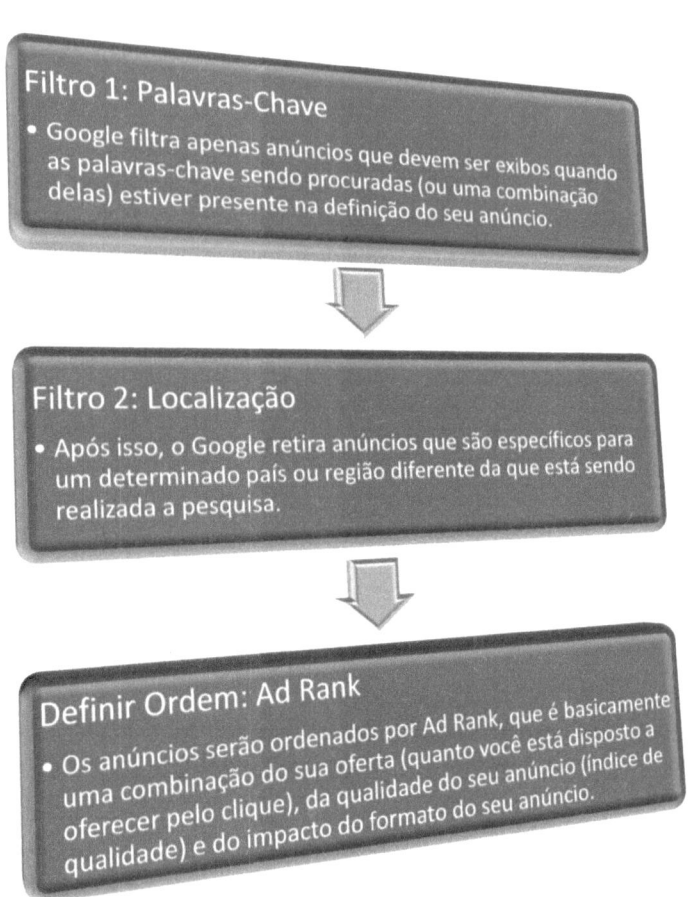

Filtro 1: Palavras-Chave
- Google filtra apenas anúncios que devem ser exibos quando as palavras-chave sendo procuradas (ou uma combinação delas) estiver presente na definição do seu anúncio.

Filtro 2: Localização
- Após isso, o Google retira anúncios que são específicos para um determinado país ou região diferente da que está sendo realizada a pesquisa.

Definir Ordem: Ad Rank
- Os anúncios serão ordenados por Ad Rank, que é basicamente uma combinação do sua oferta (quanto você está disposto a oferecer pelo clique), da qualidade do seu anúncio (índice de qualidade) e do impacto do formato do seu anúncio.

Para entender melhor, vamos pensar que uma pessoa, em Salvador, na Bahia, está procurando "capa de celular do Mickey"

Filtro 1: Palavras-Chave

- Aqui serão escolhidos apenas aqueles anúncios que definiram as palavras-chave "capa de celular do Mickey" ou uma das combinações dessa frase. Por exemplo, um anúncio que definiu que quer ser exibido sempre que a palavra "Mickey" for colocada, certamente estará nessa lista de anúncios escolhidos. Já um anúncio que definiu que quer aparecer quando ambas palavras "celular" e "samsung" estiverem presentes ficará fora já nesse primeiro filtro, pois apesar da busca conter "celular", ela não contém "samsung"

Filtro 2: Localização

- Todas os anúncios que passaram no Filtro 1 agora serão analisados pelo local de exibição. Se um anúncio quer só ser exibido em São Paulo e a pessoa fazendo a pesquisa está em Salvador, ele é descartado nessa segunda fase. Já se um anúncio está definido para ser exibido em todo o Brasil ou especificamente em Salvador, ele é escolhido e passa para a próxima fase.

Definir Ordem: Ad Rank

- Todos os anúncios que passaram na segunda fase agora são analisados em termos do lance proposto, qualidade e impacto. Aqui por exemplo, se o Anúncio A definiu que quer pagar no máximo R$0,80 por clique e tem uma qualidade boa e o Anúncio B definiu que quer pagar no máximo R$0,60 por clique e não tem uma qualidade tão boa, o anúncio A terá um Ad Rank calculado maior que o anúncio B.

- Depois calcular o Ad Rank de todos os anúncios que passaram no filtro 2, o Google ordena os anúncios por Ad Rank. Se a página de resultado tem espaço para 3 anúncios, somente os anúncios que tenham os três maiores Ad Rank serão exibidos naquela página.

11.2.2 Custo por Clique

Um dos itens básicos de uma campanha é o CPC Max (Custo por Clique Máximo), que basicamente é o custo máximo que você aceita pagar para um clique em seu anúncio.

No exemplo acima, imagine que a pesquisa "capa de celular do Mickey" retornou cinco anúncios de 5 empresas, sendo um desses anúncios da sua empresa (em amarelo abaixo), e a primeira página tem somente duas posições para resultados de anúncio:

- Anúncio 1: CPC Max = R$ 1,30
- Anúncio 2: CPC Max = R$ 0,80
- Anúncio 3: CPC Max = R$ 0,80
- Anúncio 4: CPC Max = R$ 0,70 (sua campanha)
- Anúncio 5: CPC Max = R$ 0,60

Para facilitar aqui, vamos imaginar que a qualidade de todos os anúncios é a mesma (já veremos o índice de qualidade), com exceção do anúncio 3, que possui um índice de qualidade minimamente maior que o anúncio 2. Então, nesse caso, somente os Anúncios 1 e 3 serão exibidos na primeira página.

Agora vamos imaginar que o usuário clique no anúncio 1. O custo real do clique será sempre o menor preço que poderia ser pago para que aquele anúncio estivesse naquela posição.

No nosso caso, o Anúncio 1 estaria na primeira posição com CPC Max de R$ 0,81, então o custo cobrado pelo Google daquele clique será de R$ 0,81, mesmo com o valor de CPC Max definido como R$1,30, por exemplo.

Novamente, estamos simplificando um pouco o processo, ignorando o índice de qualidade no cálculo e incluindo-o apenas para diferenciar dois anúncios com o mesmo CPC Max.

11.2.3 Índice de Qualidade do Google

O Google quer mostrar os resultados mais relevantes sempre para as pessoas. Então, se seu anúncio é de "capa de celular do Mickey" mas a página que leva ao clique nem fala de capa de celular e muito menos de Mickey, seu índice de qualidade será baixo.

O Índice de qualidade leva em conta primordialmente três fatores:

- **CTR ou Taxa de Cliques**: ou seja, a porcentagem que seu anúncio está sendo clicado. O Google considera que quanto maior a porcentagem de pessoas que clicarem em seu anúncio, mais relevante ele deve ser para quem está fazendo aquela pesquisa

$$CTR = \frac{Cliques}{Impress\tilde{o}es} * 100$$

- **Relevância do Anúncio**: mede se as palavras-chaves estão em sincronia com o seu anúncio. Campanhas de *branding* que atacam concorrentes, tendem obviamente a ter uma relevância mais baixa, exatamente porque a palavra-chave é o concorrente e o anúncio é de sua empresa.
- **Experiência da Página de Destino (Landing Page)**: mede como os usuários estão interagindo com a página que são direcionados quando clicam em seu anúncio. O Google analisa se os usuários só abrem e em seguida fecham (taxa de rejeição), se clicam em seus links e ficam por pouco tempo, etc

Você precisa estar sempre atento a esses três fatores - diariamente no início. É um processo de aprendizagem contínua. Quanto menor o índice de qualidade, maior deverá ser o CPC Max para aparecer no Google na posição que você deseja (por exemplo, como primeiro anúncio patrocinado) e por consequência, mais você pagará por clique ou menor será sua posição geral entre os anúncios.

Como você não tem controle sobre o que as outras pessoas estão colocando como CPC Max, você deve ser praticamente paranoico em relação ao índice de qualidade – pois é uma das únicas formas de reduzir o custo com seus anúncios no Google.

O bom é que o Google exibe o índice de qualidade da sua campanha. No Adwords, após acessar sua campanha e clicar na aba "Palavras-chave", você verá uma tabela e um balão nessa tabela, como abaixo:

Palavra-chave	Grupo de anúncios	Status ?
Total - todas as campanhas [?]		
[riscado]	Branding	Qualificada

Quando você passa o mouse sobre o balão, um quadro com informações é exibido:

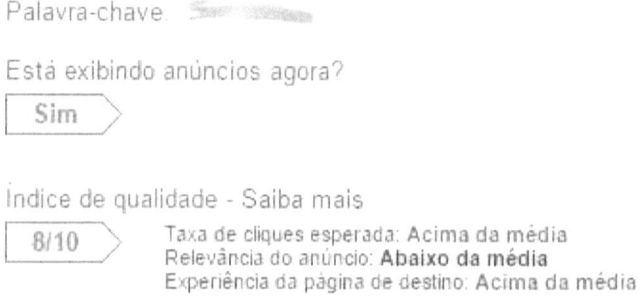

Palavra-chave. [riscado]

Está exibindo anúncios agora?

> Sim

Índice de qualidade - Saiba mais

> 8/10   Taxa de cliques esperada: Acima da média
Relevância do anúncio: **Abaixo da média**
Experiência da página de destino: Acima da média

Diagnóstico e visualização de anúncios

Nesse exemplo, o Google está me dizendo que o anúncio está sendo exibido quando ocorrem pesquisas, que meu índice de qualidade é 8 (máximo é 10) e que, muito embora eu esteja tendo uma excelente taxa de cliques e que a página de destino proporcione uma boa experiência para quem clique, a relevância do anúncio está fraca. Nesse caso, o anúncio aqui é de branding, onde o anunciante está tentando "roubar" tráfego da Dafiti quando as pessoas procuram pelo produto que ele tenha com Dafiti. Nesse caso, há um limite para se fazer em relação à relevância.

É importante salientar que esses são os principais fatores. Existem diversos outros fatores levados em conta no incide de qualidade (como histórico, fatores geográficos, dispositivos impactados, etc). Mas não perca tempo com nenhum outro fator no início. Gerenciando bem esses três você já terá um excelente resultado.

Se você está curioso para saber o peso de cada um dos critérios no Índice de Qualidade, você não está sozinho. O Google não divulga, mas diversas empresas tentaram fazer engenharia reversa e então derivar os pesos considerando que somente temos desses 3 fatores. Embora haja muita controvérsia, o número que mais parece correto é CTR 41%, Experiência da Página de Destino 39% e Relevância do Anúncio 20%.

Índice de Qualidade do Google (Estimativa)

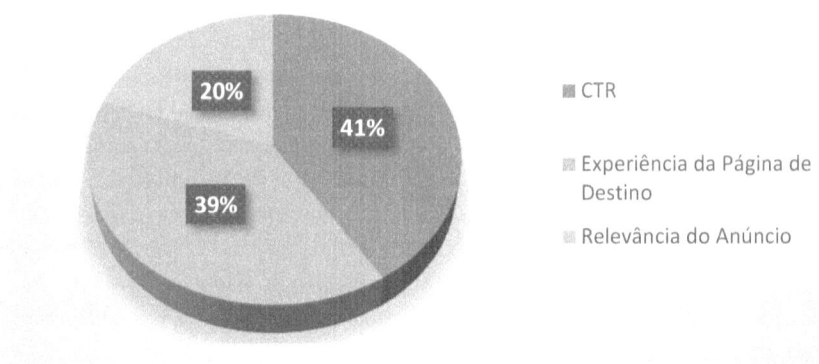

11.3 Metas e Estratégias de Lance

Você deve escolher uma meta para sua campanha, pois o Google irá otimizar a forma que o anúncio é exibido baseado na meta. Algumas metas possíveis estão abaixo:

- Aumentar reconhecimento da sua marca
- Gerar tráfego para seu blog de conteúdo
- Gerar vendas em seu e-commerce

Dependendo de sua meta, você deve definir o tipo de lance que você deve usar no Google. Por exemplo, se você quiser aumentar o reconhecimento da sua marca, nada melhor que definir a estratégia de lance vCPM, que basicamente define um custo para cada mil impressões visíveis. O Google então irá tentar otimizar a campanha para mostrar o máximo de vezes possível aquele anúncio, independentemente se o número de cliques será alto ou não.

Já se você quiser gerar tráfego para seu blog de conteúdo ligado com sua loja virtual, o CPC (Custo por Clique) se encaixa como uma luva com sua meta. Nesse caso, o Google irá otimizar para apresentar você em lugares onde as pessoas estejam mais dispostas a clicar em seu anúncio.

Já se você quiser vender em seu e-commerce, estratégias como CPA (Custo por Aquisição), ROAS (retorno sobre o investimento em publicidade), Maximar Conversões e ECPC (Custo por Clique Otimizado) são as estratégias ideias.

Eu sempre aconselho na primeira campanha do Google Adwords para seu e-commerce pensar na meta conversão (a menos que você tenha uma experiência muito boa em marketing e saiba quando e como usar uma campanha de branding) e utilizar ECPC (Custo por Clique Otimizado) ou Maximizar Conversões como estratégia de lance. São essas metas que avisarão o Google que você tem o objetivo de vender e quer aparecer em pesquisas cujo objetivo da pessoa fazendo a pesquisa seja comprar. É claro que o Google não acerta sempre, mas ele usa inteligência de máquina no ECPC e em outras metas para tentar descobrir isso e ajudar você na sua meta.

Mas não se preocupe, falaremos em mais detalhes sobre isso adiante. O que você precisa agora é entender quais são as metas que você deve pensar e quais os tipos de lance que você pode usar com cada meta.

Abaixo você encontra um resumo das Metas x Tipos de Lance.

Aumentar reconhecimento da marca

- vCPM (Custo por mil impressões visíveis)

Gerar tráfego para seu blog de conteúdo

- CPC (Custo por Clique)

Gerar vendas em seu e-commerce

- CPA (Custo por Aquisição)
- ROAS (Retorno sobre o Investimento em Publicidade)
- Maximizar Conversão
- ECPC (Custo por Clique Otimizado)

Novamente, lembre-se que não é coincidência que o Google é a potência que é hoje. Se você colocar que o Tipo de Lance é CPC, o Google vai procurar, usando sua gigantesca rede de dados, quais as pessoas e quais as melhores situações para exibir seus anúncios para que pessoas cliquem no seu anúncio. E só isso. Ele não estará interessado se depois do clique ele vai comprar ou não. Isso faz com que ele encontre perfis e situações onde as pessoas tendem a clicar e só. Os "clicadores" têm seu valor, mas não para vender. E acredite, existem muitos "clicadores" por aí.

Se você quiser vender e definir que o CPA (Custo por Aquisição) é de R$20,00 o Google vai usar a inteligência de dados dele para tentar encontrar situações e pessoas propensas a comprar seus produtos por até 20 reais gastos em publicidade.

Então, usar o tipo de lance correto é essencial.

Mas por que então vamos criar nossa primeira campanha como ECPC ou Maximizar Conversões? Porque você quando cria a sua primeira campanha muitas vezes não tem ideia de quais palavras-chave exatamente usar, qual seu custo de conversão ideal e outros diversos itens que impedem que você saia com definições tão precisas como CPA ou ROAS, por exemplo. O CPC Max é um parâmetro que pode ser facilmente definido já que o CPC médio das palavras é sempre apresentando. O ECPC (CPC Otimizado) é um avanço do CPC e ajuda a receber mais conversões, ajustando automaticamente seus lances manuais para que as pessoas cliquem com maior ou menor probabilidade de gerar uma venda em seu e-commerce. Para isso, ele usa *machine learning* (ou inteligência através de aprendizado de máquina): ele procura leilões de anúncios com maior probabilidade de conversão (para um e-commerce, a maior parte do tempo que falarmos em conversão estaremos falando em vendas) e aumenta o CPC Max definido para turbinar a chance de ganhar aquele leilão e assim você ter uma chance maior de conversão, mesmo que isso custe a você um clique mais caro. É a velha briga entre qualidade versus quantidade.

É claro que o Google não é mágico – você vai ter que ter algumas conversões para que ele consiga entender seu público melhor e montar o modelo estatístico interno.

11.3.1 Qual Meta usar para E-Commerce

O ECPC (CPC Otimizado), além de focar em conversão, permite que pessoas que estejam iniciando seu e-commerce sem experiência com TI e com marketing digital consigam otimizar suas campanhas, coisa que o CPA e o ROAS exigem muito mais experiência para conseguir serem usados de forma efetiva.

Assim como o ECPC, o "Maximizar as conversões" tem uma inteligência parecida, mas nesse caso, ele tem controle total sobre o lance oferecido, sempre em busca de conseguir o máximo de conversões possíveis. Não sou tão fã do Maximizar Conversões porque você não tem controle sobre a posição que seu anuncio aparece e isso me incomoda um pouco, mas provavelmente é só implicância minha.

Como já temos o Analytics configurado na plataforma de e-commerce no capítulo 8, a plataforma de e-commerce já está informando ao Google quando uma venda ocorre e qual o preço dessa venda. Então, a única coisa necessária é importar objetivos e transações do Google Analytics para dentro do AdWords. Veja o tutorial do próprio Google explicando como fazer isso aqui: https://support.google.com/adwords/answer/2375435

Não há razão de usar CPC para conversões. A longo prazo, com o modelo estatístico do Google, o CPC Otimizado e o "Maximizar Conversões" tende a ser muito mais efetivo para vendas em seu e-commerce do que o CPC comum.

Para que você entenda bem o ECPC (CPC Otimizado), imagine que você definiu em seu anúncio um CPC Max de R$1,00 e ligou o ECPC. Agora, você está participando de um leilão e o Google está analisando o seu anúncio. Se o Google acreditar que o leilão em questão tem uma alta chance de conversão (ou seja, que a pessoa que clicar no link do seu anúncio efetivamente realize uma compra) ele pode aumentar o seu CPC Max para por exemplo R$1,70, aumentando não só as chances de você ser selecionado mas também de ficar muito bem classificado e até talvez aparecer como o primeiro resultado. Já se o Google achar que aquele leilão tem poucas chances da pessoa clicar no seu anúncio e comprar algum produto seu, ele pode diminuir seu CPC Max para por exemplo R$0,40, reduzindo a chance de você ter seu anúncio exibido onde, pelos cálculos do Google, teria uma baixa chance de conversão.

Já o "Maximizar as Conversões". É como se fosse um ECPC com tudo automático. Como ele faz tudo automático, ele tende a usar todo o orçamento diário. Algumas pessoas acham isso ruim e por isso fogem dele. Eu considero isso um bom fator.

Na primeira campanha, sugiro usar um desses dois tipos de lance.

11.4 Segmentação no AdWords

Você deve ainda se lembrar que o principal fator de segmentação no marketing do Facebook são os Públicos. No Google, os principais fatores de segmentação são as palavras-chaves, a localização e o dispositivo.

11.4.1 Palavras-chave

As palavras-chave são o principal fator de segmentação da sua campanha no Google AdWords. Você deve escolher as palavras-chave que farão com que sua campanha seja exibida. Existem 5 tipos de correspondências. Veja na tabela abaixo[5]:

Tipo de correspondência	Símbolo especial	Exemplo de palavra-chave	Os anúncios podem ser exibidos em pesquisas que	Exemplos de pesquisas
Correspondência ampla	nenhuma	chapéus femininos	incluem erros de ortografia, sinônimos, pesquisas relacionadas e outras variações relevantes	*comprar chapéus de mulher*
Modificador de correspondência ampla	+palavra-chave	+chapéus +femininos	contêm o termo modificado (ou variações aproximadas, mas não sinônimos), em qualquer ordem	*chapéus para mulheres*
Correspondência de frase	"palavra-chave"	"chapéus femininos"	são uma frase e variações aproximadas dessa frase	*comprar chapéus femininos*
Correspondência exata	[palavra-chave]	[chapéus femininos]	são um termo exato e variações aproximadas desse termo exato	*chapéus femininos*
Correspondência negativa	-palavra-chave	-mulheres	não contêm esses termos	*bonés de beisebol*

Aqui vão três dicas de ouro para você não gastar seu precioso dinheiro em pesquisas que não são relacionadas com seu produto ou seu nicho:

1) Na primeira campanha, tente usar o máximo possível correspondência exata (entre colchetes []) ou no máximo correspondência de frase (entre aspas ""). Nunca use correspondência ampla em suas primeiras campanhas até você ter certeza absoluta que sabe o que está fazendo;

2) Tenha o lema "mais específico é sempre melhor". Se estiver em dúvida se deve colocar "boneca infantil" ou "boneca infantil para meninas", escolha "boneca infantil para meninas" e, caso não esteja gerando muitos cliques, aí sim pense em mais termos relevantes ou mesmo colocar somente "boneca infantil". Não use a lógica inversa como a maioria das pessoas faz. Lembre-se que apenas uma pequena porcentagem das pesquisas já irão lhe trazer muitas vendas. Você não está preocupado em quantidade, mas sim em qualidade;

---

[5] A tabela abaixo foi retirada da ajuda oficial do Google, que pode ser encontrada em https://support.google.com/partners/answer/6172649?hl=pt-BR&ref_topic=6123873

3) Coloque o máximo possível de palavras-chave negativas no nível de campanha. Por exemplo, se você vende bolsa, uma de suas palavras-chave certamente é "bolsa". Nesse exemplo, coloque a palavra "família" como palavra-chave negativa, pois a maioria das pesquisas sobre bolsa serão relacionada a bolsa-família e a pessoa que está buscando bolsa-família quase certamente não quer comprar uma bolsa, então um clique em seu anúncio é um desperdício de dinheiro. Colocando a palavra "família" em palavras-negativas da campanha, seu anúncio nunca será exibido na pesquisa "bolsa família".

11.4.2 Localização

Aqui você vai escolher quem deve visualizar seus anúncios. Aplique a mesma regra que falamos no módulo do Facebook: tente iniciar somente com aqueles estados perto de você, onde o frete não torna proibitiva a venda. Não escolha o Brasil todo. Se você mora no Norte do país, você terá muitos cliques de pessoas do sul do país mas que não comprarão de você devido ao frete, fazendo que seu custo de conversão aumente muito.

11.4.3 Dispositivo

Aqui você pode escolher quais dispositivos você quer que apareça: PC, celular Android, celular iOS (Apple), etc. No início, a não ser que você tenha uma necessidade muito específica, não faça nenhuma segmentação por dispositivo.

11.5 Colocando em Prática

Essa teoria toda não é das mais simples, estou ciente, mas uma campanha no AdWords exige que você saiba ao menos esses conceitos básicos, caso contrário você irá gastar dinheiro à toa. E acredite, gastar dinheiro errado no Google AdWords é muito fácil.

Em seguida, vamos cobrir quais os níveis de uma campanha para que comecemos no módulo seguinte uma campanha na prática.

11.6 Os Níveis do AdWords

Temos quatro níveis no Google AdWords, utilizados para organizar seu trabalho:

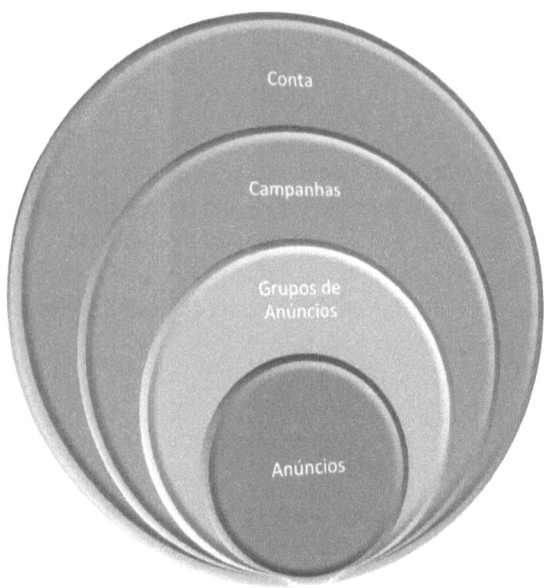

- **Conta** é o nível mais alto do Google AdWords, que é ligado à sua conta de e-mail e informações de faturamento. Uma conta pode conter diversas campanhas. Você só precisa de uma conta.
- **Campanha** é o primeiro nível funcional do seu marketing no Google propriamente dito. É no nível da campanha que você configura seu orçamento diário, quanto você pode e quer gastar com os seus anúncios (seja Rede de Pesquisa, Rede de Display ou em ambos). Nesse nível também você define sua meta. Uma

campanha pode conter diversos Grupos de Anúncios. Você só precisará de uma campanha no início. Chame-a de "Principal"

- **Grupo de Anúncio (GA)** é o nível que você agrupa palavras-chave semelhantes e define seu CPC Max. Cada GA terá Anúncios específicos (que são relacionados com aquelas palavras-chave). Existe uma estratégia para criar seus GAs que eu proponho adiante nesse capítulo.

- **Anúncio** é o último nível – seu anúncio propriamente dito. Ele está dentro de um GA, ou seja, só será exibido quando ativado pelas palavras-chave do GA ao qual pertence.

Em resumo, veja os níveis de campanha e as principais coisa que precisam ser definidas em cada nível:

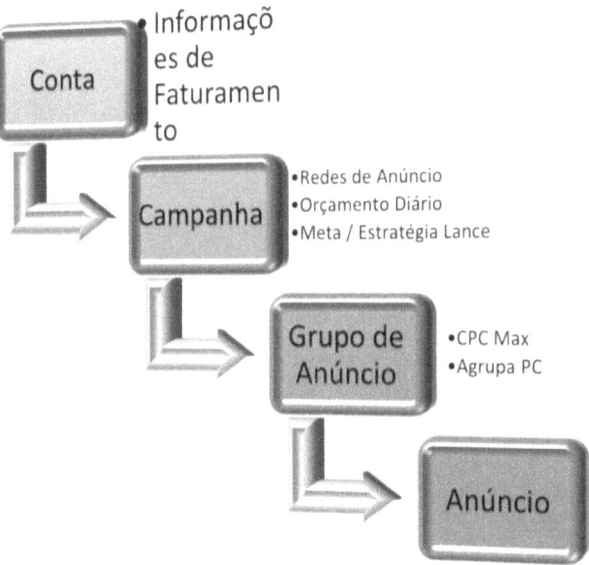

11.7 Níveis do Marketing do Google no 1PMV

No meu método 1PMV, dividimos as campanhas em cinco níveis, pois além de organizar o que você quer anunciar, faz com que você tenha anúncios diferenciados para cada etapa que o seu futuro cliente se encontra no funil de vendas.

Você vai perceber que a otimização de seus anúncios nesse formato acabará tornando mais barato e muito mais efetivo seu marketing.

Na sua primeira campanha, o objetivo são as três camadas internas (até Concorrentes). Somente comece a pensar nos níveis mais externos depois de rodar campanhas por ao menos três meses.

Sua Marca

Produtos

Concorrentes

Produtos Substitutos / Complementares

Termos de Audiência

No gráfico acima, quanto mais perto do centro cair na pesquisa, mais perto o seu cliente está de comprar de você. Veja o exemplo abaixo, onde você está criando uma campanha específica para sua loja de bonecas infantis: a SuperBonecas.com

- **Palavras-Chave**: relacionadas com sua marca: [superbonecas], [super bonecas] e [super boneca] são alguns exemplos.
- **Informações**: pessoas que já conhecem sua marca e já lhe visitaram. Serão poucas pessoas no início e não irá gerar muito cliques, mas a porcentagem de conversão desse conjunto de anúncios tende a ser alta.

Produtos

- **Palavras-Chave**: nome dos seus produtos ou o que seu produto faz. No nosso exemplo da SuperBonecas, [boneca barbie], "adora doll" e "carinha de anjo" +boneca são exemplos. Aqui você também pode incluir "bonecas para brincar" ou "boneca de criança", por exemplo.
- **Informações**: as pessoas que caem aqui muito provavelmente querem comprar um dos produtos que você tem e se forem direcionadas para seu e-commerce, têm uma chance de conversão se seu preço for competitivo.
- **Divisão**: aqui, você terá um Grupo de Anúncio geral (para produtos não específicos) e um grupo de anúncio para cada categoria de produto que você quer anúncios específicos e/ou para um ou dois produtos campeões (o resto cairá no Grupo de Anúncio que trata os produtos que não tem anúncios específicos)

Concorrentes

- **Palavras-Chave**: nesse nível você quer levar o tráfego de pessoas procurando sua concorrência por produtos que você tem em sua loja. "Boneca Ri Happy" e "barbie Americanas" são exemplos de palavras-chave que você usaria aqui.
- **Observação**: as pessoas procurando por esses termos sabem que essas outras lojas vendem esses produtos, mas certamente podem ser atraídas para sua loja virtual.

Produtos Substitutos e Complementares

- **Palavras-Chave (Substitutos)**: produtos semelhantes que seus clientes buscam, por exemplo "Massa de Modelar" e "Potinhos de Empilhar".
- **Palavras-Chave (Complementares)**: produtos que vão junto com o que você vende, por exemplo "roupinha de boneca".
- **Observação**: aqui você foca em pessoas procurando presentes para crianças com idade similar ao usuário final das bonecas e produtos que vão junto com suas bonecas. A chance de conversão aqui é muito mais baixa e certamente o custo por conversão será mais alto. Só comece conjuntos de anúncio desse nível quando estiver já no mínimo 6 meses com campanhas do Google AdWords ativa.

Termos de Audiência

- **Palavras-Chave**: aqui são termos que não estão nas outras categorias mas podem levar aos seus produtos: "como acalmar meninas" e "brincando com meninas" são dois exemplos no caso da SuperBonecas.com
- **Informações**: Esse é o conjunto de anúncios que terá o custo por conversão mais alto. Minha sugestão é que você nem pense ainda nesse nível até você estar vendendo mais do que 100 mil reais por mês, porque você provavelmente não precisa dele ainda.

11.8 Grupos de Anúncios

Você está quase pronto agora para sua primeira campanha no Google AdWords.

Entretanto, você ainda precisa fazer um tema de casa: finalizar a estrutura de sua campanha.

Você deve agora listar os termos do seu nicho e dos seus produtos até o nível "Concorrentes" do modelo apresentado. Se você quiser fazer para todos os níveis, tudo bem, pois ajudará você a entender seu mercado melhor mesmo que você ainda não vá utilizá-los imediatamente, mas sua primeira campanha abrangerá somente os três primeiros níveis.

Preencha uma tabela usando o modelo abaixo. A informação de volume vem do próprio Google AdWords.

Nível	Grupo de Anúncio	Palavra-Chave	Volume
Sua Marca	Marca	A	300
Sua Marca	Marca	B	250
Produtos	Categoria de Produto 1	C	89,000
Produtos	Categoria de Produto 1	D	76,000
Produtos	Categoria de Produto 1	E	74,000
Produtos	Produto Campeão 1	F	64,000
Produtos	Produto Campeão 1	G	63,000
Produtos	Produto Campeão 1	H	58,000
Produtos	Grupo de Anúncio Outros Produtos	I	102,000
Produtos	Grupo de Anúncio Outros Produtos	J	96,000
Produtos	Grupo de Anúncio Outros Produtos	K	92,000
Concorrentes	Concorrente 1	L	34,000
Concorrentes	Concorrente 1	M	31,000
...	...	...	...

Gaste um tempo nesse exercício. Pense bem na estrutura. Lembre-se que a principal razão de você ter um Grupo de Anúncio (GA) para uma categoria de produto específica é que você pode criar um ou mais anúncios específicos que apontem diretamente para os produtos daquela categoria. Os anúncios sempre estarão dentro de cada Grupo de Categoria. Por exemplo:

Grupo de Anúncio "Produtos - Barbie"

- Anúncio 1
  - Texto: "Super Bonecas – Temos a maior variedade de Barbie do mercado"
  - Link : Direto para a página da categoria Barbie
- Anúncio 2
  - Texto: "Super Bonecas – Qual tipo de Barbie você quer hoje?"
- Link : Direto para a página da categoria Barbie

Grupo de Anúncio "Produtos - Outros Produtos"

- Anúncio 1
  - Texto: "Super Bonecas – Bonecas de Qualidade"
  - Link: Para a página inicial do seu e-commerce
- Anúncio 2
  - Texto: "Super Bonecas – A Boutique Virtual das Bonecas"
  - Link: Para a página inicial do seu e-commerce

No nível de produto, crie ao menos um GA relativo a um produto campeão ou de uma categoria específica e um GA genérico (para todos outros produtos). No início, tente não criar mais do que cinco GAs no nível de produto, pois irá dificultar a gerência e o que você precisa no início é fazer sua campanha funcionar. Se você começar com uma campanha muito complexa, você tende a não conseguir otimizá-la direito e se desestimular.

E não se preocupe. Isso virá com o tempo. Você pode ir criando mais GAs no nível de Produto à medida que você for analisando a performance de suas campanhas. Mas espere ter um mês de resultado ao menos da primeira campanha para começar a criar mais GAs.

11.9 Sua Primeira Campanha no AdWords

A sua primeira campanha no Google AdWords será uma campanha exclusiva na Rede de Pesquisa, com os Grupos de Anúncios (GAs) que você definiu no módulo passado.

O importante da sua primeira campanha é começar a entender o que dá retorno e o que converte para seu nicho e seus produtos e então otimizar. É muito difícil a primeira campanha do Google AdWords ser performática. Você vai precisar ajustá-la bastante para otimizar o gasto de marketing necessário por conversão.

Para iniciar sua primeira campanha, acesse [Campanhas] e clique no ícone "+". Quando o menu aparecer, clique em "+ Nova Campanha"

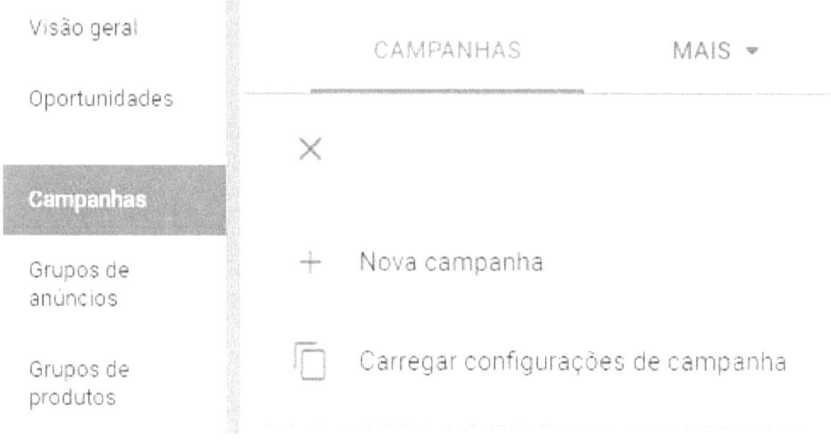

Na tela seguinte, selecione "Rede de Pesquisa"

Em seguida, deixe marcado [Usar metas] e selecione [Fazer compras no seu website].

Você pode também preencher abaixo o link do seu website para já ter ideias de palavras-chave:

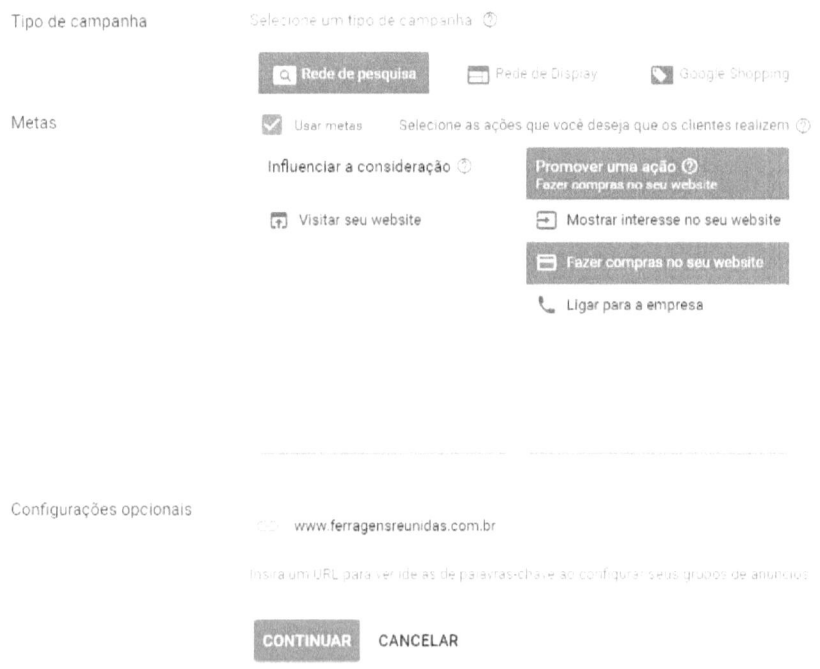

Após clicar em [Continuar], dê um nome para sua campanha e desmarque a opção "Incluir a Rede de Display do Google", pois estamos interessados somente na Rede de Pesquisa nessa nossa primeira campanha.

Em locais, como falamos anteriormente, comece somente com os estados cujo frete não vá assustar muito seus clientes.

Em Idiomas, lembre-se que muitas pessoas usam Inglês na configuração do Windows e/ou do navegador, tenha certeza de colocar [Português] e [Inglês]. O limitador principal serão os locais, então você está seguro.

Na estratégia de Lances, sugiro usar [Maximizar as conversões] ou [CPC Otimizado], como falamos no primeiro módulo.

Defina então um orçamento diário (sugiro ao menos R$10,00 até o Google se encontrar e otimizar a campanha).

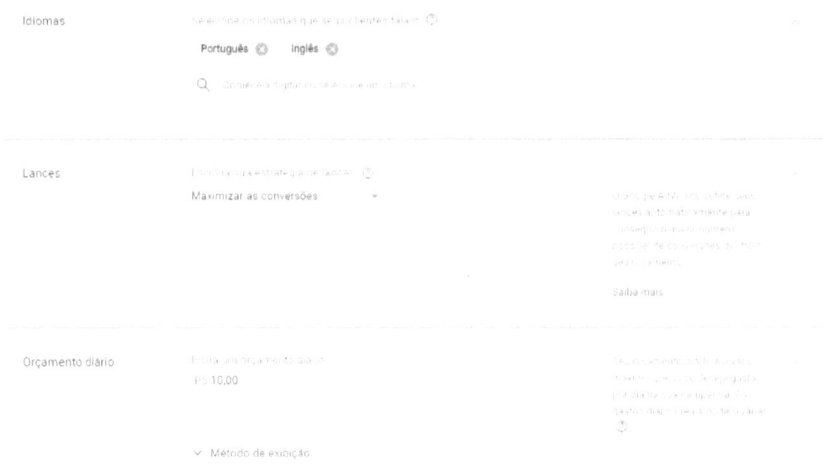

Agora, você precisa definir uma data de Início e fim. Para essa primeira campanha, você pode colocar um mês. Mas você pode pausar e até apagar a campanha a qualquer momento – não há período mínimo para uma campanha.

Em extensões, na sua primeira campanha, preencha somente a [frase de destaque]. Sugestões para suas frases de destaque são (pode ser mais do que 1 item):

- 5x sem juros
- Alta qualidade
- Atendimento personalizado
- Site 100% seguro

Clique então em SALVAR E CONTINUAR.

11.9.1 Criando os Grupos de Anúncios

O primeiro Grupo de Anúncio (GA) será o nível "Sua Marca".

Então, após nomear seu GA com um nome dusgestivo ("Marca" por exemplo), coloque as palavras-chave que você definiu no exercício do módulo passado.

250

Geralmente a marca conterá somente correspondência exata (correspondência exata são palavras entre colchetes [] e significa que a pesquisa necessita ter exatamente aquelas palavras naquela ordem e sem nenhuma outra palavra na pesquisa). As palavras devem ser aquelas que levam para seu e-commerce, com algumas variações que as pessoas possam digitar incorretamente. Por exemplo, para nossa loja virtual "Super Bonecas", teríamos:

- [Super Bonecas]
- [Super Boneca]
- [superbonecas]
- [superboneca]

Você pode mais tarde, quando se sentir mais seguro, trocar por correspondência de frase (entre aspas, significando que tem que aparecer nessa ordem na pesquisa, mas pode aparecer em uma pesquisa com outras palavras).

A diferença entre as duas correspondências é que a primeira [Super Bonecas] seria exibida com a pesquisa "super bonecas" mas não apareceria com a pesquisa "super bonecas barbie" ou "barbie super bonecas", por exemplo. Já a correspondência de frase apareceria para as três. Eu prefiro que a correspondência na sua primeira campanha seja a mais exata possível e ir aumentando e expandindo à medida que você entender como são usadas.

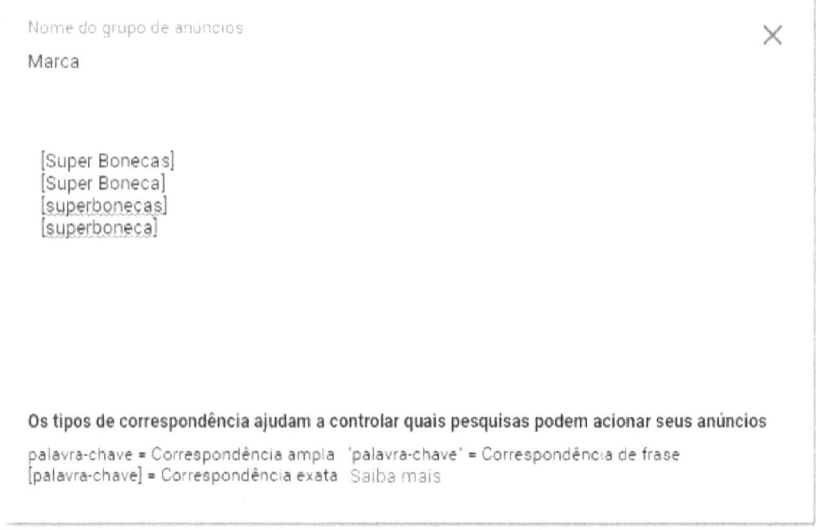

Configurar grupos de anúncios

Um grupo de anúncios contém um ou mais anúncios e um conjunto de palavras-chave relacionadas

Nome do grupo de anúncios ✕

Marca

[Super Bonecas]
[Super Boneca]
[superbonecas]
[superboneca]

Os tipos de correspondência ajudam a controlar quais pesquisas podem acionar seus anúncios

palavra-chave = Correspondência ampla   'palavra-chave' = Correspondência de frase
[palavra-chave] = Correspondência exata   Saiba mais

O segundo GA será do nível "Seus Produtos". Aqui, como falamos anteriormente, você terá ao menos dois GA. Você usará, além das palavras que você pensou no exercício do módulo passado, sugestões do Google que você acha que façam sentido para seus produtos.

Para tanto, após criar o novo GA, no quadro ao lado, digite as palavras que você colocou em seu exercício. Por exemplo, imagine que uma das palavras foi "boneca barbie". Você digitaria "boneca barbie" diretamente no quadro ao lado (ver figura abaixo).

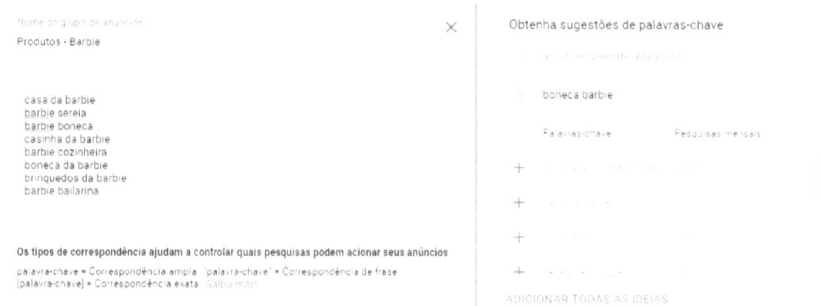

Sugestões com o número de pesquisas mensais são exibidas. No meu exemplo, vieram as seguintes sugestões:

Palavra-chave	Pesquisas Mensais
Barbie	1 milhão
Casa da barbie	90,5 mil
Barbie sereia	49,5 mil
Boneca bebe	27,1 mil
barbie boneca	18,1 mil
Casinha da barbie	14,8 mil
Boneca little mommy	14,8 mil

Lembre-se que seguindo o método 1PMV, quanto mais específico, melhor. Então "barbie" me parece algo muito arriscado. Quando analisamos o nicho e o produto no capítulo 3, ficou claro que muitas pessoas procuram por jogos online da Barbie, então uma pesquisa que defina que apenas tenha que ter a palavra "barbie", pode ser uma infinidade de coisas que seja diferente de uma busca pela boneca Barbie física em um e-commerce. Portanto, escolhi retirar barbie isoladamente de produtos, mas ao mesmo tempo, decido inclui-la no GA Marca, colocando como "super bonecas" +barbie (ou seja, super bonecas em correspondência de frase com a palavra barbie em algum lugar da pesquisa) e "super boneca" +barbie (mesma ideia, mas com super bonecas escrito sem plural).

Considerando que eu tivesse os outros produtos, incluiria as que mais fazem sentido e então colocaria as palavras entre aspas.

A campanha até agora encontra-se assim:

O processo se repete para as outras palavras do seu exercício do módulo 2 e também para os outros GAs que você definiu lá.

Quando estiver pronto, pressione "SALVAR E CONTINUAR"

11.9.2 Anúncios

Uma tela inicial, parecida com a abaixo, será exibida:

Criar anúncios

Recomendamos que você crie pelo menos três anúncios diretamente relacionados ao tema das suas palavras-chave em cada grupo de anúncios.

Grupo de anúncios: Marca
Palavras-chave: [Super Bonecas] [Super Boneca] [superbonecas] e mais 3

NOVO ANÚNCIO

Grupo de anúncios: Produtos - Barbie
Palavras-chave: casa da barbie,barbie sereia,barbie boneca e mais 5

NOVO ANÚNCIO

Clique então em "+ Novo Anúncio" e preencha os campos. Lembre-se que a URL final deve ser compatível com seu GA. Se é um GA específico da Barbie, deve ir diretamente para a categoria das Barbies. Se for um GA da Marca ou o GA de Outros Produtos, deve ir para a página inicial do seu e-commerce.

Quando finalizar, espere a revisão e aprovação do Google e seus anúncios já estarão sendo exibidos!

11.9.3 Otimizações

Assim que você criar a campanha e ela começar a ser veiculada, você precisa otimizá-la diariamente.

O processo de otimização baseia-se em:

- Pausar palavras-chave com uma taxa de rejeição muito superior às outras e/ou com tempo de navegação muito baixo;
- Incluir palavras-chave negativas quando você percebe que muitas pessoas que estão clicando em seu anúncio entenderam mal o anúncio e que esse "mal entendimento" pode ser resolvido se o anúncio não for exibido quando uma determinada palavra-chave estiver presente. Nesse caso, você adicionaria as palavras-chaves que estão causando confusão às palavras-negativas;
- Mudar o tipo de correspondência de determinadas palavras-chave, sempre tentando torná-la mais específica (objetivo é ter palavras-chave somente em correspondência exata ou de frase.

Essa otimização se faz necessária porque quando você cria sua primeira campanha você não faz ideia exata da forma como as pessoas pesquisam seus produtos e existem milhões de pessoas fazendo as mais diversas pesquisas que você nem consegue imaginar.

Mesmo pessoas extremamente experientes em AdWords, quando começam uma nova campanha para um novo nicho, vão precisar passar pelo mesmo processo de otimização – que leva no mínimo um mês para começar a ter resultados expressivos.

Dentro da Campanha, você terá "Termos de Pesquisa" que começarão a ser preenchidos com as pesquisas que as pessoas estão fazendo quando sua campanha é exibida. Você usará primordialmente as informações lá.

Tire proveito ao máximo da sua campanha. Anote os valores históricos de preço do clique, taxa de rejeição e outros. Eles serão dados essenciais para você tornar seu marketing cada dia mais efetivo e mais barato.

CAPÍTULO 12: VENDENDO E OTIMIZANDO

Parabéns, você chegou até aqui. Já tem seu e-commerce rodando e vendendo. Agora, precisa otimizá-lo para vender mais e reduzir seu Custo de Aquisição do Cliente (CAC)

O primeiro passo para o crescimento é quebrar a barreira dos 20 mil reais em vendas. Se você ainda não chegou lá ainda, só precisa do foco certo e das otimizações corretas. E mesmo se você já tenha chegado nos seus primeiros 20 mil reais em vendas (alguns nichos podem ter vendas mais rápidas que outros), leia esse capítulo até o final. Ele ensina um processo de melhoria contínua para você aplicar em seu e-commerce.

12.1 PDCA

Talvez você já tenha ouvido falar do PDCA. Ele é um método iterativo que possui quatro passos simples: Plan, Do, Check, Act. Em português, podemos traduzir para Planejar, Executar, Verificar, Agir/Ajustar.

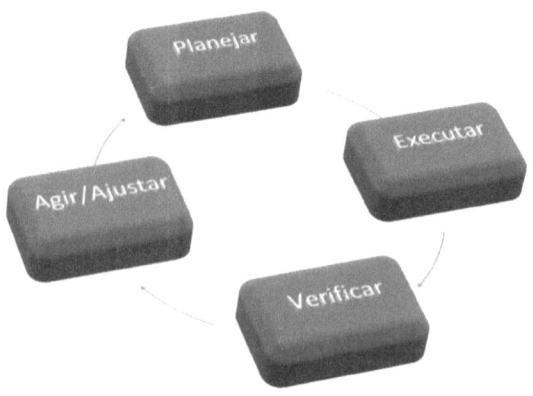

PDCA é um método bem conhecido e famoso de gestão e pode ser aplicado em diversas áreas de conhecimento.

O meu método de otimização de e-commerce, o eCV-PDCA, foi inspirado no PDCA, mas tem certas peculiaridades para suportar o ciclo contínuo que entendo que um e-commerce precisa para vender em um mercado competitivo em constate execução e também para conseguir lidar com as incertezas que o mercado online gera e que tanto exige teste-e-execução.

12.2 Apresentando o eCV-PDCA

O eCV-PDCA também consiste de quatro passos fundamentais:

Vamos agora, entrar em cada uma das fases para que você entenda o ciclo.

12.2.1 Definição de Metas

Aqui você vai começar a entender por que eu sempre digo que um E-Commerce Vencedor é muito mais do que acertar no nicho ou no produto ou no marketing isoladamente. Tem que ter tudo conectado.

E a boa notícia é que se você seguiu os passos desse livro até aqui, você tem um processo bastante estruturado em mãos!

A meta que precisamos definir no processo de melhoria contínua eCV-PDCA tem cinco pilares mostrados abaixo, todos já estudados em capítulos anteriores:

- Produtos Campeões
- Marketing de Conteúdo
- Marketing Pago x Marketplaces x Tráfego Orgânico
- Margem média dos produtos (em %)
- Tráfego e Taxa de Conversão

Em cada um desses 5 pilares você deve:

1. Analisar os possíveis problemas e
2. Estabelecer as metas.

Ainda nessa fase, você precisa ver se algum conhecimento está faltando para a implantação de qualquer mudança imediata ou a médio prazo. Você nunca sabe tudo, então, é sempre bom planejar os passos necessários para sua própria educação: pode ser um livro de finanças, pode ser um curso de gerência de fornecedores. Enfim, qualquer coisa que você perceba que está impedindo o atingimento das metas anteriormente traçadas. Se esta é sua primeira iteração no processo, sua meta deve ser chegar aos seus primeiros 20 mil reais em vendas.

Por exemplo, em Produtos Campeões, na análise de problemas, devemos nos perguntar:

- Você tem todos produtos campeões bem configurados e a preços realmente acessíveis ao seu consumidor?
- Você consegue outros fornecedores com melhores preços?
- Vale a pena investir na adição de algum outro produto campeão?

- Tem algum produto campeão que não vendeu nada ainda? Como está o preço, as fotos e o marketing dele? Você está focando nos benefícios e não no produto em si?
- Seus produtos campeões já estão nos Marketplaces?

Já na parte de Metas, em Produtos Campeões, poderíamos ter:

- Vender ao menos 2 unidades de cada produto campeão no próximo mês
- Fazer com que o marketing dos produtos campeões gere ao menos duas vendas que não sejam de produtos campeões
- Colocar todos produtos campeões nos Marketplaces no próximo mês

Esse tipo de análise é indispensável para seu crescimento. Fala-se que a única certeza na vida é a morte. Eu tenho outra certeza irrefutável: você não vai acertar seu e-commerce na primeira vez. Digo isso com 100% certeza.

Então, o ciclo de melhoria contínua é parte integrante da criação do e-commerce e não um simples processo de otimização. Seu e-commerce não vai conseguir vender mais de 100 mil reais por mês sem antes um certo esforço em um ciclo de análise-execução-verificação.

Vamos ao que você precisa se perguntar e definir em cada um desses pilares:

Produtos Campeões

1.Análise
- Você tem todos produtos campeões bem configurados e a preços realmente acessíveis ao seu consumidor?
- Você consegue outros fornecedores com melhores preços?
- Vale a pena investir na adição de algum produto campeão?
- Tem algum produto campeão que não vendeu nada ainda? Como está o preço, as fotos e o marketing dele? Você está focando nos benefícios e não no produto em si?
- Seus produtos campeões já estão nos Marketplaces?
- Você está usando escassez (campanhas com tempo de início e fim, número de compras limitadas, etc) para as promoções de seus produtos campeões?

2.Definir Metas (do mês)
1. Definir número de Produtos Campeões e a necessidade de substituição ou de inclusão de novos produtos campeões que estejam "na moda"
2. Definir número de vendas cruzadas (que não são produtos campeões) provenientes de campanhas de produtos campeões que se deseja executar
3. Definir quantos Produtos Campeões estarão em Marketplaces
4. (Re)definir o preço final dos produtos campeões com base no preço atual dos concorrentes

Marketing de Conteúdo

1.Análise
1. Seu marketing de conteúdo está de acordo com os principais produtos que você quer vender?
2. Você tem um planejamento de ao menos um mês dos assuntos que vai tratar no marketing de conteúdo?
3. Seu preço por interação no Marketing de conteúdo está baixando? A meta deve ser R$ 0,01 pr iteração.
4. Você está analisando o formato (foto, video, texto) e conteúdo das campanhas que deram mais certo (menor custo por iteração) e repetindo as ideias daquelas campanhas que deram mais certo?
5. Você diminuiu o orçamento dos públicos com custo por meta mais caro e aumentou o orçamento dos públicos com menor custo por meta ?
6. Existe algum treinamento que você ou sua equipe precisam para melhorar seu marketing?

2.Definir Metas (do mês)
1. Definir número de publicações por semana
2. Definir os assuntos e os formatos com base no que funciona melhor para seu Avatar
3. Públicos: definir mais um público por mês até ter testado 10 públicos

Marketing Pago x Marketplaces x Tráfego Orgânico

1. Análise
   1. Suas vendas nos Marketplaces podem aumentar se você diminuir o preço dos produtos? Você ainda terá uma boa margem?
   2. Você está focando nas vendas em Marketplaces para que a próxima venda aconteça em seu próprio e-commerce (folder junto com o produto, e-mail marketing especial de boas-vindas, promoções especiais, etc)
   3. No Google Analytics, qual o % de tráfego orgânico? Está crescendo?
   4. Você consegue aumentar o investimento em marketing para "girar" os produtos em estoque e ter mais novidades?
   5. Qual % do seu marketing é somente para sua cidade (com entrega no próximo dia útil)?
2. Definir Metas (do mês)
   1. Definir % de vendas que quer atingir no Marketplace versus diretamente em seu website nos próximos meses com base no que obteve no mês passado
   2. Definir quanto pode gastar em marketing para aumentar suas vendas
   3. Definir % de gasto em Facebook e % em Google AdWords com base nos resultados das campanhas

Margem média dos produtos (em %)

1. Análise
   1. Você consegue melhorar a margem líquida (após o marketing digital) focando nas campanhas e públicos que deram mais certo?
   2. Você consegue outros fornecedores que aumentem sua margem?
   3. Você consegue fazer uma campanha de compre junto (kit - um produto campeão com margem pequena e outro produto com margem maior) para aumentar sua margem média por venda?
   4. Definir Metas (do mês)
      1. Definir margem mínima de produtos em Marketplace e de venda em seu e-commerce de produtos campeões e de produtos "normais"
      2. Meta deve ser sempre aumentar a margem líquida após o marketing digital

12.2.2 Execução do Plano 360°

Com base nas metas que você definiu, agora é hora de começar a executar todas as ações para alcançar as metas que você definiu.

Crie uma tabela contendo o Pilar do ecv, a meta, a ação a ser tomada e a data que deve ser executada. Por exemplo:

Nível	Meta	Ação	Data Prevista
Produtos Campeões	Substituir Produto X por Novo	Reunião com Fornecedor	10/11
Produtos Campeões	Substituir Produto X por Novo	Compra do produto	12/11
Produtos Campeões	Substituir Produto X por Novo	Chegada do novo produto	17/11
Produtos Campeões	Substituir Produto X por Novo	Cadastro do novo produto campeão e substituição dele no e-commerce	18/11
Produtos Campeões	Substituir Produto X por Novo	Criação de campanha específica para o novo produto	18/11
Produtos Campeões	Substituir Produto X por Novo	Início de veiculação da nova campanha	19/11
Tráfego e Taxa de Conversão	Aumento da taxa de conversão em	Foco em campanhas com o produto campeão	17/11

	10% (de 0,7% para 0,77%)	mais competitivo esse mês	
Tráfego e Taxa de Conversão	Aumento da taxa de conversão em 10% (de 0,7% para 0,77%)	Colocar um vídeo na página do produto para explicar o que faz melhor	20/11
Tráfego e Taxa de Conversão	Aumento em 15% do número de visitas por mês	Aumentar em 10% o orçamento da campanha XYZ, que performou melhor	23/11
...	...	...	...

Essa é a parte mais divertida. Um item importante presente na execução 360º é que ela tem que ser 360º, ou seja, ações não podem ser isoladas no website ou no Facebook ou no AdWords – lembre-se que suas campanhas devem ter uma identidade única.

Outro ponto importante é pensar nos treinamentos extras que você ou sua equipe precisam para executar as tarefas que devem ser executadas. Educação e treinamento não devem parar nunca e fazem parte da execução, nem que seja ler um livro sobre um assunto qualquer que ajude nas vendas.

Você terá que ter uma disciplina forte nessa fase e realmente documentar todas as ações que foram definidas para cada meta e trabalhar para executá-las na data prevista.

12.2.3 Verificação das Melhorias

Nessa fase, é hora de verificar tudo o que foi executado com base no seu plano. Sua tabela aumenta em número de colunas, controlando "Data Real de Execução", "Resultado Real" e "Delta em Relação ao Planejado". Por exemplo:

Nível	Meta	Ação	Data Prevista	Data Real	Resultado Real	Delta do Planejado
Produtos Campeões	Substituir Produto X por Novo	Reunião com Fornecedor	10/11	10/11	OK	OK
Produtos Campeões	Substituir Produto X por Novo	Compra do produto	12/11	14/11	Atraso devido a negociação de preço	2 dias
Produtos Campeões	Substituir Produto X por Novo	Chegada do novo produto	17/11	22/11		5 dias
Produtos Campeões	Substituir Produto X por Novo	Cadastro do novo produto campeão e substituição dele no e-commerce	18/11	24/11		5 dias
Produtos Campeões	Substituir Produto X por Novo	Criação de campanha específica para o novo produto	18/11	24/11		5 dias
Produtos Campeões	Substituir Produto X por Novo	Início de veiculação da nova campanha	19/11	27/11	Atraso devido a...	8 dias
Tráfego e Taxa de Conversão	Aumento da taxa de conversão em 10% (de 0,7% para 0,77%)	Foco em campanhas com o produto campeão mais competitivo esse mês	17/11	17/11		OK
Tráfego e Taxa de Conversão	Aumento da taxa de conversão em 10% (de 0,7% para 0,77%)	Colocar um vídeo na página do produto para explicar o que faz melhor	20/11	20/11		OK
Tráfego e Taxa de Conversão	Aumento em 15% do número de visitas por mês	Aumentar em 10% o orçamento da campanha XYZ, que performou melhor	23/11	23/11	16%	16%! Meta ultrapassada em 1%!
...	...	...	...			

12.2.4 Correção 360° das Melhorias

Nessa etapa, você precisa fazer principalmente duas coisas:

1. Tomar nota e padronizar tudo o que deu certo. Você quer repetir o que deu certo mais vezes e de forma mais simples. Então, entenda como você pode acelerar essas ações para que nas próximas vezes elas sejam mais fáceis e mais rápidas de ser executada

2. Rever tudo o que deu errado (sempre relativo às metas definidas) e tentar responder porque houve esses desvios negativos. Será que sua meta era muito agressiva? Será que você não poderia ter executado uma campanha de marketing específica de uma categoria inteira ao invés do que foi feito para que suas visitas aumentassem no % desejado (por exemplo)?

Essa etapa precisa ser cuidadosamente executada. Junto com a etapa de definição de metas, ela é o coração do método eCV-PDCA, pois uma análise superficial aqui não resolverá suas dores. E aqui o foco é exatamente suas dores e seus sucessos: padronizar e acelerar o que deu certo e reduzir/mudar o que deu errado.

12.3 Seus Primeiros 20 Mil Reais

Seus primeiros 20 mil reais em vendas são uma consequência pura e simples do que falamos durante todo esse livro – desde a escolha do seu nicho e produto com base na análise dos concorrentes, junto com o conhecimento de quem são seus concorrentes e como eles agem, quais produtos vendem e quais preços praticam, de conhecer bem seu Avatar e montar uma loja virtual que seja atrativa para ele, de planejar e executar um Marketing com base em produtos campeões e também em reduzir seu CAC (Custo de Aquisição de Clientes) tendo uma presença em grandes Marketplaces e de uma otimização contínua desse processo.

Não quero dizer que o sucesso é garantido – há muitos fatores externos que tornam impossível garantir qualquer resultado no mundo dos negócios – mas posso dizer que com atenção aos dados do mercado e seguindo tudo o que falamos aqui, é muito difícil, mas muito difícil mesmo você não prosperar se tiver foco e perseverança.

12.4 E depois dos 20 Mil reais?

Os vinte mil reais que coloco aqui é uma quantia que considero um marco por alguns fatores. Em primeiro lugar, você já vai ter aprendido as principais técnicas que funcionam e que não funcionam com seu Avatar, como formatos e conteúdos que interessam, produtos que mais realizam vendas cruzadas com seus produtos não-campeões, melhor horário para publicar no Facebook, quais tipos de arte em banners que mais são clicados, quais tipos de e-mails que mais chamam a atenção, etc. Em segundo lugar, você já está acostumado agora a entregar seus produtos e vender mais do que um produto por dia e entende qual demanda exige mais do seu tempo e qual demanda você ainda consegue executar se conseguir mais vendas.

Agora, é hora de aumentar ainda mais o marketing que lhe dá um maior retorno em termos de margem por produto e crescer seu negócio dia-a-dia. O giro do estoque lhe possibilita a implantação de outras estratégias, como comprar sempre o produto mais em "moda" do seu mercado – que você consiga uma margem um pouco melhor de venda porque compra em maior quantidade. Ainda, o giro de estoque lhe dá um caixa que lhe permite também tomar decisões de aumento de vendas em outros canais que você ainda nem tinha pensado. Por exemplo: algumas pessoas depois de criar um E-Commerce Vencedor acabaram montando uma loja física para expandir as vendas de algo que já tinham uma demanda certificada pelo processo de vendas online.

Então, daqui para frente é muito mais fácil expandir seus negócios.

Parabéns pelo seu e-commerce. Desejo sucesso em todos os momentos do seu negócio.

www.ingramcontent.com/pod-product-compliance
Lightning Source LLC
Chambersburg PA
CBHW030611220526
45463CB00004B/1257